Tennis: Schlagtechnik

Die unerläßliche Voraussetzung für einen guten Aufschlag ist das gekonnte Hochwerfen des Balles.
a) falsch: Der Spieler packt den Ball zum Hochwerfen zu sehr mit der Handfläche, nicht mit den Fingerspitzen.
b) richtig: Ein Wurf mit den Fingerspitzen bringt größere Kontrolle und Präzision. (Näheres Seiten 18, 19 und 26—35).

a   b

Tennis: Schlagtechnik

Herausgegeben von Larry Sheehan

humboldt-taschenbuch 420
Umschlaggestaltung: Christa Manner, München
Das Umschlagdia hat die Firma Dunlop, Hanau, freundlicherweise zur
Verfügung gestellt
Fotograf: Paul Zimmer
Frontispiz: Ed Vebell
Fotoabbildungen im Innenteil des Bandes: Alexander Schuhmacher,
München (S. 9, 17, 69, 115, 163, 172), Sport-Foto Zimmer, Stuttgart
(S. 62, 232); alle übrigen Aufnahmen: Ed Vebell

Das Umschlagbild zeigt Steffi Graf kurz vor einem ihrer gefürchteten
Rückhandschläge.
Die Achtzehnjährige aus Brühl wurde mit ihrem Sieg über Chris Everts
in Los Angeles am 16. 8. 1987 als erste Deutsche die Nr. 1 der Tennis-
Weltrangliste.

© 1982 by Humboldt-Taschenbuchverlag Jacobi KG, München,
für die Taschenbuchausgabe
© 1980 by Nymphenburger Verlagshandlung GmbH, München,
für die deutschsprachige Ausgabe »Tennis – Die Schlagtechnik«
© 1976 by Charlie Pasarell, Tom Okker, Arthur Ashe, Tony Roche,
Harold Solomon and Larry Sheehan.
Titel der Originalausgabe: »Mastering your tennis strokes«
(Atheneum Publishers, New York).
Aus dem Amerikanischen von Jürgen Dennstedt
Druck: Presse-Druck Augsburg
Printed in Germany
ISBN 3-581-66420-8

INHALT

ARTHUR ASHE

Der Weg zur perfekten Rückhand 115

TONY ROCHE

Der Weg zum perfekten Volley 163

HAROLD SOLOMON

Der Weg zum perfekten Lob 215

Charlie Pasarell

Der Weg
zum perfekten
Aufschlag

Mein Aufschlag und Ihrer

Ich hatte das Glück, Tennis bei einem der besten Lehrer aller Zeiten zu lernen: sein Name war Welby van Horn. Er unterrichtete – und tut das noch heute – im »Caribe Hilton« in meinem Geburtsland Puerto Rico. Seine präzise Methode, Tennis zu lehren, hat meine spielerische Entwicklung entscheidend beeinflußt; und das, was ich zum Thema Aufschlag zu sagen habe, spiegelt Welbys »Philosophie« natürlich wider.

Ich bin überzeugt, daß die meisten Clubspieler viel effektiver aufschlagen könnten, wenn sie versuchten, den Aufschlag zu verstehen und auszuführen, den ich lernte – zunächst bei van Horn und später während der Turniere – in all den Jahren, als ich meinen Aufschlag ständig verbesserte. Der Aufschlag des Durchschnittsspielers ist nämlich meist nur deshalb so unsicher, weil jeder einzelne Spieler unterschiedliche Vorstellungen vom technischen Ablauf des Service hat und diese Vorstellungen dann mit zu viel persönlichem Geschmack in die Tat umsetzt. Dabei ist die Aufschlag-Bewegung in vieler Hinsicht leichter zu meistern als die der anderen Schläge im Tennis, bei denen es schließlich nötig ist, einen Ball zu erlaufen und zu schlagen, der vom Gegner ins Spiel gebracht wurde. Beim Aufschlag dagegen haben Sie alle Einzelheiten unter eigener Kontrolle. Und dennoch, für viele Spieler ist das Service der schwierigste und frustrierendste Schlag überhaupt.

Tatsächlich kann jeder einen guten Aufschlag lernen – Voraussetzung ist lediglich die Fähigkeit, einen Ball halbwegs genau werfen zu können!

Egal, ob Sie erst seit kurzem Tennis spielen oder schon ein erfahrener Spieler sind – ich möchte Ihnen den Aufschlag anhand der drei wichtigen Stufen erklären, die zur Verbesserung dieses Schlages führen. Dabei spielt es keine Rolle, welche persönlichen Probleme Sie mit dem Service gerade haben; wenn Sie meiner Methodik folgen, sollten Sie in der Lage sein, Ihre Fehler abzustellen. Nach und nach werden Sie dann auch überflüssige Schnörkel und verkrampfte Bewegungen in Ihrer Technik beseitigen können – und vor allem keine neuen hinzufügen. Und wenn Sie erst einmal eine sichere Aufschlagbewegung beherrschen, werden Sie mit Hilfe dieser Methodik Ihren Aufschlag auch dann wieder unter Kontrolle bekommen, falls es einmal nicht so gut laufen sollte.

Ich glaube nämlich, daß Ihnen auf lange Sicht eine klare und umfassende Lehrweise des Aufschlags viel mehr nützt, als eine Art »Erste-Hilfe-Methode«, bei der die Verbesserung Ihrer Spielstärke von vereinzelten (und meist dürftigen) Ideen oder Tips abhängt, die Sie zufällig aufgeschnappt haben.

Indem wir den Aufschlag umfassend und in einzelnen Schritten behandeln, werden wir lernen:

1) Wie man *Kontrolle* über den Aufschlag bekommt, indem man Ausholbewegung, Ballwurf und Armschwung mühelos und in immer gleicher Weise ausführt;

2) Wie man *Härte* in den Aufschlag bekommt, indem man sich während der Schlagbewegung eine leichte Gewichtsverlagerung angewöhnt – dies bringt uns nach dem Service übrigens auch in eine günstige Flugball-Position;

3) Wie man den Gegner mit dem Aufschlag *täuschen* kann, indem man den Ball mit den Saiten »streichelt«, um angeschnittene Bälle zu schlagen.

ES GEHT GANZ LEICHT

Die Aufschlagbewegung ähnelt der eines Ballwurfes. Der Ablauf ist locker und natürlich, völlig frei von jeder übermäßigen Anstrengung. Anstatt das Racket zu benutzen, sollten Sie ruhig einmal ein paar Bälle in die entsprechenden Aufschlagfelder werfen, um ein Gefühl für diese Ähnlichkeit von Wurf und Schlag zu bekommen.

Bevor wir jedoch zu den Details der Schlagausführung kommen, möchte ich einige generelle – weniger streng technische – Aspekte des Aufschlags herausstellen.

Zunächst einmal beruht jeder gute Aufschlag auf Rhythmus – jener Fähigkeit also, Ihre Körperbewegungen mit dem Ballwurf zu koordinieren. In gewisser Weise ist Rhythmus etwas, mit dem Sie geboren werden, aber es hängt auch mit Ihrer inneren Einstellung zusammen, wenn Sie sich an der Grundlinie auf den Aufschlag vorbereiten. Sind Sie entspannt und zuversichtlich, werden Sie sehr viel eher in der Lage sein, wirkungsvoll zu servieren. Pancho Gonzales erzählte mir einmal, daß er sich vor dem Aufschlag in Gedanken einen erfolgreichen Schlag vorstellt. Dieser psychologische Trick half ihm, locker und entspannt zu bleiben. Viele Clubspieler schlagen mit völlig verkrampften Armen und Schultern auf. Die Folge sind gewöhnlich erbärmliche Aufschläge bzw. Doppelfehler bei wirklich entschei-

3 4

denden Punkten. Je entspannter und flüssiger Ihre Aufschlagbewegung also ist, desto mehr Tempo erhält Ihr Service und desto sicherer kommen die Aufschläge auch dann, wenn Sie im Match unter Druck stehen.

Zum zweiten müssen Sie für einen guten Aufschlag während des gesamten Schlages die Balance halten. Wenn Sie nicht im Gleichgewicht bleiben, sind Sie nämlich nie in der Lage, den Schlag zu kontrollieren, egal, wie gut die Schlagbewegung war. Nun bin auch ich selbst nicht bei jedem Service in der idealen Balance; aber ich nehme an, daß ich bei zehn Aufschlägen sechsmal ideal und viermal relativ gut das Gleichgewicht halte. Das Thema Balance gehört zu den Dingen, die im Tennis-Unterricht am meisten vernachlässigt werden. Ich möchte daher lieber nicht darüber spekulieren, inwieweit der normale Tennisspieler an solche Zahlen heranreicht, habe aber den Eindruck, daß die meisten Clubspieler bei der Mehrheit ihrer Aufschläge das Gleichgewicht verlieren.

Es ist wirklich schade, daß viele Spieler aus Unwissenheit an Ihrer (grundsätzlich richtigen) Schlagtechnik herumbasteln, weil sie dem Schlag die Schuld an den mageren Ergebnissen geben und nicht der schlechten Balance.

13

BEGINNEN SIE MIT EINEM EINFACHEN AUFSCHLAG

Wer zum erstenmal den Aufschlag trainiert oder ihn wegen falscher Technik umstellt, sollte die Verlagerung des Körpergewichtes nach vorn erst einmal weglassen (obere Bildreihe). Denn dann müssen Sie nicht über so viele Details nachdenken. Wenn Sie das Körpergewicht erst einmal auf Ihrem vorderen Fuß lassen, werden Sie viel flüssiger

durchziehen und den Ball auch sauber und gerade mit dem Racket treffen. Erst wenn die grundlegenden Bewegungsabläufe unserer Stufe Eins – Ausholbewegung, Ballwurf und Durchziehen – gut aufeinander abgestimmt sind, sollten Sie beim Service das hintere Bein nach vorn bringen (untere Bildreihe).

Dadurch können Sie dann härter aufschlagen und auch rasch zum Netz losstarten – zwei Dinge, die ein fortgeschrittener Spieler beherrschen sollte.

Ein letzter Punkt muß zu Beginn meiner Tips noch angesprochen werden: vermeiden Sie es unter allen Umständen, vom Gedanken an ein knallhartes Service besessen zu sein! Wenn Sie die richtige Technik gelernt haben, werden sich harte Aufschläge ganz von selbst einstellen. Ich selbst versuche nie bewußt, ein As zu schlagen. Ich hole aus, schlage zu und warte auf das As ...

Eine direkte Folge dieses Vorurteils, unbedingt mit großer Härte aufschlagen zu müssen, ist jene bekannte Krankheit »gewaltiger erster Aufschlag – kümmerlicher zweiter« – daran leiden eine ganze Menge Spieler.

Es ist dann unvermeidlich, daß beim ersten Aufschlag kaum Asse gelingen; beim zweiten Service muß man dem Gegner dann ständig einen »Einwurf« anbieten. Daß Sie auf diese Weise oft Ihr Aufschlagspiel verlieren, dürfte klar sein. Genauso schlecht ist allerdings der andere Weg aus dieser Sackgasse: Wenn Sie zu schwachen Aufschlägen beim ersten *und* zweiten Service Zuflucht nehmen.

Die einzige richtige Möglichkeit ist das Trainieren eines *langen* ersten Aufschlags anstelle eines »Kanonenballes« oder eines auf Sicherheit bedachten kurzen Schlages. Wenn Sie das versuchen, um Ihre Spielstärke zu steigern, würde ich Ihnen allerdings dringend raten, lieber eine gewisse Zahl von Doppelfehlern zu riskieren, als Ihre Schlagbewegung irgendwie zu verändern. Nach einiger Zeit werden Sie nämlich immer häufiger und sicherer lange Aufschläge beim ersten und zweiten Service produzieren. Die Zahl der Doppelfehler wird zurückgehen und Sie werden sehen, daß Sie Ihren Aufschlag gegen fast alle Gegner durchbringen können.

Übrigens: ich bewundere Pancho Gonzales nicht nur wegen seines großartigen Aufschlags, sondern überhaupt wegen seiner gesamten Spielanlage sowie wegen seiner traumhaften Fähigkeit, den eigenen ehrgeizigen und sehr hitzigen Charakter zu einer produktiven Spielweise auf dem Tennisplatz zu zwingen. Und tatsächlich hat mich in jüngster Zeit nur ein Service mehr beeindruckt als das Panchos: Das war der Aufschlag des Australiers Neale Fraser, seines Zeichens Wimbledon- und Forest Hills-Champion. Bei Fraser verband sich alles, was man sich für den Aufschlag wünschen kann: Härte, Kontrolle und die Geschicklichkeit, verdeckt aufzuschlagen. Zu allem Überfluß war er auch noch Linkshänder; für die meisten Rückschläger war deshalb sein Service noch schwieriger auszurechnen und zu returnieren.

Pancho Gonzales, das große Vorbild von Charlie Pasarell

2

2

falsch   richtig

DIE HÄUFIGSTEN FEHLER BEIM AUFSCHLAG

1) Siehe Abbildung und Text auf Titelseite 2.

2) Viele Spieler, auch die besseren, lassen den Ellbogen bei der Ausholbewegung fallen. Einmal zerstört das den ganzen Aufschlag-Rhythmus, zum anderen ist es schwieriger, den Ball sehr weit oben zu treffen – und nur das garantiert einen kontrollierten und langen Aufschlag.

3) Viele Spieler schwingen das Racket nicht so weit ein, wie es eigentlich sein sollte. Wer den Arm zu weit nach hinten führt, anstatt ihn nach dem Ausholen dicht hinter den Rücken zu bringen, verliert beim Service an Tempo. Außerdem belasten Sie in unnötiger Weise Schulter und Ellbogen.

falsch   richtig

4

4

3   3

falsch   richtig

4) Spieler, die zu früh frontal zum Netz stehen, wenn sie zuschlagen, vergeuden den gesamten Schwung, den der Körper im Verlauf der Ausholbewegung angesammelt hat. Drehen Sie Ihre Schultern also nicht vor dem Treffen des Balles nach vorn.

5) Der typische Clubspieler beendet die Aufschlag-Bewegung, indem der Wurfarm hinter ihm (oder ihr) herumpendelt. Bei einem korrekten Service dagegen kreuzen sich die Arme am Ende vor dem Körper. Das »X« beweist, daß der Spieler voll nach links durchgezogen und mit maximaler Härte serviert hat.

falsch   richtig

5

Stufe Eins: Wie man Kontrolle über den Schlag erhält

Ihr Ziel auf Stufe Eins beim Lernen – oder Umlernen – des Aufschlags sollte es sein, die drei einzelnen Bewegungsabläufe (Ausholbewegung, Ballwurf, Durchziehen) sorgfältig und gut aufeinander abgestimmt zu üben, so daß die Saiten des Schlägers den Ball mit höchster Präzision treffen.

Doch bevor wir nun zum eigentlichen technischen Ablauf des Aufschlags kommen, sollten Sie sich vergewissern, daß Sie vor Beginn des Service eine korrekte Griffhaltung und eine korrekte Stellung auf dem Platz eingenommen haben.

Unbeschadet Ihrer tennissportlichen Erfahrung würde ich Ihnen auf dieser Stufe dringend Ihren normalen Vorhand-Griff empfehlen. Anders ausgedrückt: Machen Sie »Shake Hands« mit dem Racket. Die Handfläche Ihrer Schlaghand befindet sich auf einer Ebene mit der Schlägerfläche. Achten Sie darauf, daß Ihre Finger leicht schräg auf dem Schlägergriff liegen und lassen Sie einen deutlichen Abstand zwischen Zeige- und Mittelfinger. Wenn Sie Ihre Hand in dieser Weise spreizen (sie packen das Racket jetzt ungefähr wie den Griff eines Hammers), steigern Sie die Kontrolle der Hand über den Schläger. Je mehr »Hand« außerdem mit dem Racket in Berührung kommt, desto müheloser können Sie es handhaben und desto schneller erhalten Sie das nötige »feeling« für Ihre Griffhaltung. Später wird Ihnen das helfen, die Aufschläge zu plazieren und anzuschneiden.

Mit den sogenannten »Continental-« oder »Eastern-Griffhaltungen« kann man dem Aufschlag zwar leichter Schnitt auf den Weg geben. Der Grund für eine Vorhand-Griffhaltung beim Service ist jedoch klar: Wir wollen uns auf dieser Stufe unseres Trainings darauf konzentrieren, den Ball mit dem Schläger sauber und gerade zu treffen. Selbst heute noch gehe ich auf diese Weise vor, wenn ich mit meinem Service in Nöten bin – mein Schlag bekommt schnell wieder das richtige Timing und wird flüssiger, wenn ich zum Vorhand-Griff wechsle und dadurch den Ball voll treffe.

Ebenso wichtig ist beim Aufschlag die Stellung. Erstens bleibt man von Anfang an im Gleichgewicht, zweitens ist es unmöglich, den Ball sicher zu plazieren, wenn der Anfang der Schlagbewegung falsch war. Wenn ich beim Einzel ins linke Aufschlagfeld schlagen will, baue ich mich etwa einen halben Meter neben dem Mittelzeichen der Grundlinie auf; ich setze meine Füße parallel und ein Stückchen auseinander: zeichnete man jetzt eine Linie über meine Fußspitzen hinweg, würde sie nach innen, auf die rechte Ecke des von mir anvisierten Aufschlagfeldes zeigen.

Eigentlich sollte Ihr Körpergewicht gleichmäßig auf beide Füße verteilt sein, wenn Sie die Aufschlag-Position einnehmen. Ich rate Ihnen jedoch, das Körpergewicht vor Beginn der Aufschlagbewegung ein klein wenig zu verlagern, so daß sich 60 bis 70 Prozent auf dem hinteren Fuß befinden. Einige Spitzenspieler allerdings verlagern ihr Körpergewicht zu Beginn des Aufschlags auf den *vorderen* Fuß, lehnen sich während der Ausholbewegung nach hinten zurück und bringen das Gewicht schließlich wieder nach vorn, sobald sie zuschlagen. Ich ziehe es dagegen vor, das Körpergewicht auf den hinteren Fuß zu verlagern, bevor der eigentliche Schlag beginnt: Man spart sich so eine vielleicht überflüssige Kleinigkeit des gesamten technischen Schlagablaufes.

DER RICHTIGE GRIFF FÜR DEN ANFANG

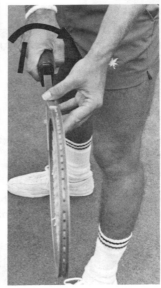

Rückhand-Griff

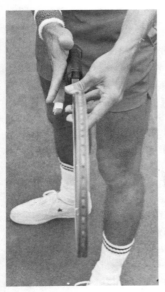

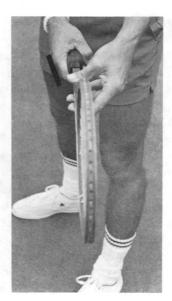

Vorhand-Griff

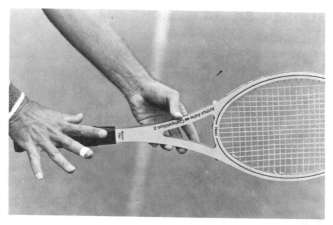

Rückhand-Griff

Wenn Sie als Anfänger den Aufschlag lernen, empfehle ich Ihnen den »Eastern-Vorhand« – oder »Shake-Hands-Griff«. Auf diese Weise trifft die Schlägerfläche recht mühelos und gerade den Ball. Später dann, wenn Sie die grundlegenden Bewegungsabläufe von Stufe Eins beherrschen und die Verlagerung des Körpergewichtes beim Durchziehen (die noch mehr Härte in den Aufschlag bringt) von Stufe Zwei bewältigt haben, sollten Sie umgreifen: Drehen Sie Ihre Hand auf dem Schlägergriff ein bißchen gegen den Uhrzeigersinn zum »Eastern-Rückhand-« oder »Continental-Griff«. Sie können den Ball jetzt an beliebigen Stellen treffen und ihm auch Drall in jeder Form mit auf den Weg geben.

23

BLEIBEN SIE IM GLEICHGEWICHT

Es ist äußerst wichtig, sich bequem an der Grundlinie zu postieren, damit Sie vollkommen ausbalanciert stehen. Plazieren Sie die Füße ein Stück auseinander – eine gedachte Linie über Ihre Fußspitzen würde jetzt in das betreffende Aufschlagfeld weisen. Mit dem Oberkörper halten Sie beim Ausholen das Gleichgewicht. Um die Bewegung des linken (Ballwurf) und des rechten Armes (Zurückführen des Schlägers) zu synchronisieren, können Sie zunächst getrost ohne Ball und Racket üben. Sie erhalten dann rasch ein Gefühl für diese gegenläufige Pendelbewegung.

Ausholbewegung –
Arm und Schläger hinter den Rücken

Beim normalen Aufschlag müssen Sie den Schläger zunächst einmal hinter den Rücken bringen – Sie »ziehen« sich praktisch »auf«. Machen Sie jetzt bloß nicht den üblichen Fehler, daß Ihnen der Bogen, in dem Sie das Racket zurücknehmen, gleichgültig ist! Natürlich variiert dieser Bogen bzw. diese Schleife von Spieler zu Spieler, je nach Armlänge, individuellem Tempo und vielen anderen Faktoren. Stan Smith etwa senkt sein Racket ein ganzes Stück, ehe er es in einem senkrechten Bogen nach oben schwingt. Pancho Gonzales schwingt den Schläger mehr um den Körper herum und dann nach oben. Ken Rosewalls Ausholbewegung kann man fast als abgebrochen bezeichnen, so direkt schwingt er den Schläger ein. Ihr Bestreben sollte es jedenfalls sein, das Racket auf möglichst einfache Weise schlagbereit hinter den Rücken zu führen.

Die Grundidee der Ausholbewegung besteht darin, den Schlagarm nach hinten oben zurückzunehmen, bis Sie sich am Ende mit dem Racket »den Rücken kratzen können«: *Der Oberarm befindet sich jetzt parallel zum Boden.* Bei Clubspielern besteht der schlimmste Fehler bei der Ausholbewegung darin, daß der Ellbogen herunterfällt oder zum Boden zeigt. Das hemmt nämlich Ihren Rhythmus, macht es viel schwieriger, »über« den Ball zu kommen und auf diese Weise dem Ball jenen Schnitt zu verleihen, der ihn ins Aufschlagfeld bringt. Wenn John Newcombe ausholt, weist sein Ellbogen fast zum Himmel. Er hat (ganz zu schweigen von seinem ersten Service) einen der besten zweiten Aufschläge überhaupt – er bringt seinen Ellbogen nämlich jedesmal so weit nach oben und kann sein Service eben deshalb so lang plazieren, auch wenn er einmal nicht hart zuschlägt.

Ballwurf

Die zweite Aktion beim normalen Aufschlag erfordert, den Ball so nach vorne oben zu werfen, daß Sie ihn bei ausgestrecktem Arm und Schläger bequem treffen können. Später muß das zusammen mit der Ausholbewegung geschehen – zunächst sollten Sie aber den Ballwurf trainieren, *nachdem* Sie das Racket zurückgenommen haben.

Dabei können Sie viel genauer und sauberer werfen, wenn Sie den Ball nicht mit der ganzen Faust packen, sondern nur mit den Fingerspitzen. Stellen Sie sich das Ganze als eine Wurfbewegung vor, die

durch ein langes Nach-Oben-Führen des linken Armes zustande kommt. Versuchen Sie, den Ball gerade hochzuwerfen, er darf sich keinesfalls drehen.
Es gibt keinen allgemein richtigen Punkt in der Luft, auf den jeder Tennisspieler beim Ballwurf zielen sollte. Die Richtung des Ballwurfes hängt ab von Körpergröße, Armlänge und Schlagtempo eines Spielers oder einer Spielerin. Doch immerhin sind zwei Tips erwähnenswert, damit Ihnen der Wurf gelingt.

Erstens: Nehmen Sie sich vor, den Ball zu schlagen, ohne daß Sie Ihre ursprüngliche Stellung verändern. Indem Sie aufschlagen, ohne die Balance zu verlieren, werden Sie sich auch angewöhnen, den Ball nicht zu weit nach vorn zu werfen. Viel zu viele Spieler stolpern geradezu in ihren Aufschlag, weil sie den Ball zu weit nach vorn oder zu weit zur Seite geworfen haben. Wenn Sie dagegen wie festgewurzelt und voll ausbalanciert servieren, werden Sie sich auch unweigerlich einen präzisen Ballwurf aneignen.

Zweitens: Um herauszufinden, wie hoch Sie werfen müssen, sollte Ihre eigentliche (Zu-)Schlagbewegung erst dann beginnen, wenn der Ball nach Erreichen seines höchsten Punktes wieder herunterfällt. In diesem kritischen Moment eines Aufschlags hilft es Ihnen, den Ball im Auge zu behalten. Und was noch wichtiger ist: Sie erhalten einen Maßstab, Ihre eigene Reichweite richtig abzuschätzen. Falls Sie dagegen einige Bälle im Steigen nehmen und andere im Fallen, dürften Sie kaum den richtigen Dreh zum Zuschlagen finden. Später dann, wenn Ihr Ballwurf sicherer geworden ist, werden Sie mit der Vorwärtsbewegung Ihres Schlägers genau dann beginnen, wenn der Ball seinen höchsten Punkt erreicht hat.

2

HOLEN SIE SO AUS, WIE ES FÜR SIE AM BEQUEMSTEN IST

Die Art Ihrer individuellen Ausholbewegung richtet sich nach den spe-
ziellen körperlichen Fähigkeiten eines Spielers – Armlänge, Tempo
des Ausholens und persönliches Temperament spielen dabei eine
wesentliche Rolle. Doch es gibt drei Arten des Ausholens: Bei der
***steilen** Ausholbewegung – dafür sind Stan Smith und ich gute Bei-*
spiele – beschreibt das Racket einen senkrechten Bogen auf dem Weg
*hinter den Rücken. Bei der **weiten** Ausholbewegung – hier muß man*

1

2

STEILES AUSHOLEN

Pancho Gonzales als Muster nennen – schwingt der Schläger mehr um den Körper herum. Bei der kurzen Ausholbewegung – wie sie etwa Ken Rosewall macht – wird der Schläger so direkt wie möglich hinter den Rücken gebracht. Am wichtigsten bei allen guten Ausholbewegungen aber ist: Der Schläger muß locker und flüssig zurückgenommen werden; Arm und Racket müssen hinter den Rücken gebracht werden.

WEITES AUSHOLEN

KURZES AUSHOLEN

Beim Zuschlagen das Gleichgewicht halten

Die letzte Aktion eines normalen Aufschlags ist das saubere, sichere Zuschlagen, wobei der Ball im rechten Winkel getroffen wird und der Ausschwung des Rackets bei vollkommener Balance des Körpers erfolgt. Wenn Ihr Service noch »entwicklungsbedürftig« ist, sollten Sie besonderes Augenmerk auf das Gleichgewicht richten. Um nun das Gleichgewicht leichter halten zu können, sollten Sie beim Training Ihrer Aufschläge mit dem hinteren Fuß *nicht* über die Grundlinie treten. Setzen Sie nämlich diesen hinteren Fuß während des Aufschlags nach vorn, dürfte es Ihnen schwerfallen, das richtige Timing zu finden. Bis Sie nicht eine einfache Ausholbewegung und einen verläßlichen Ballwurf besitzen, besteht kein Anlaß, sich mit dem gesamten Körper in den Schlag hineinzulegen – nur damit es ein perfektes Service wird. Hämmern Sie sich immer wieder ein, daß das Tempo eines Aufschlags zum größ-

ten Teil auf jenen Bewegungen zu Beginn des Schlages beruht. Das größte Problem ist es eben, all diese Abläufe »draufzukriegen«. Indem Sie sich am Ende des Schlages zwingen, mit den Füßen auf dem Boden und im Gleichgewicht zu bleiben, werden Sie von ganz allein locker durchziehen. So wird Ihre Aufschlagbewegung sicher und von Grund auf sauber sein.

Diese drei grundlegenden Komponenten der Stufe Eins nun sollten in einzelnen Schritten trainiert werden. Einmal, um die einzelnen Bewegungsabläufe zu automatisieren, zum anderen, um in der Folge das Gefühl zu entwickeln, wie diese drei Aktionen flüssig zu kombinieren sind. Arbeiten Sie nur an Ihrer Ausholbewegung – denn dann brauchen Sie sich keine Gedanken über den Ballwurf zu machen. Trainieren Sie ausschließlich den Ballwurf – denn dann können Sie erst einmal Ihre Ausholbewegung außer acht lassen. Nehmen Sie sich möglichst viel Zeit, den gesamten Schlag zu üben, machen Sie eine Pause nach dem Ausholen (bevor Sie den Ball werfen) und nach dem Ballwurf (bevor das Zuschlagen beginnt). Dies ist nämlich ein narrensicheres System für Anfänger, ein gutes Service zu bekommen – aber auch Fortgeschrittenen, die noch gewisse Schwierigkeiten haben, hilft es, technische Fehler der Aufschlagbewegung auszumerzen.

DER BALLWURF MUSS STIMMEN

Beim Aufschlag eines Clubspielers ist das einzig echte Problem wahrscheinlich die Unsicherheit beim Ballwurf. Denn wenn sich der Ball nicht in Ihrer ja doch begrenzten Reichweite befindet, können Sie unmöglich in gutem Gleichgewicht oder mit dem richtigen Timing servieren.

Ihr letzter Schritt auf Stufe Eins besteht in der Synchronisierung von Ausholbewegung und Ballwurf. Denn diese zwei Aktionen müssen auf ganz natürliche Weise miteinander verbunden werden. Tatsächlich gelingt das den meisten Spielern, ohne daß sie groß darüber nachdenken müssen. Wenn diese beiden Bewegungsabläufe erst einmal automatisiert sind, haben Sie den Grundstein für einen guten Aufschlag gelegt.

Können Sie den Ball wieder auffangen, ohne den Arm weit zur Seite zu strecken oder das Gleichgewicht zu verlieren? Dann haben Sie präzise geworfen. Sie können das auch üben, wenn Sie den Schläger vor sich auf den Boden legen. Werfen Sie so, daß der Ball beim Aufprall die Mitte der Bespannung trifft.

ZU WEIT

ZU DICHT

RICHTIG

34

ZU HOCH

ZU NIEDRIG

RICHTIG

35

Stufe Zwei:
Wie man hart aufschlägt

Ihr Ziel auf Stufe Zwei des Aufschlag-Trainings lautet: die höchstmögliche Härte in das Service zu bekommen, indem Sie sich mit dem ganzen Körper in den Schlag legen. Dabei aber dürfen Sie weder die Kontrolle über den Schlag noch das Gleichgewicht verlieren.

Nur ein einziges Detail ist auf dieser Stufe neu zu trainieren: Der Schritt mit dem hinteren Fuß über die Grundlinie und in das Feld hinein, während Sie zuschlagen.

Während der Ausholbewegung haben Sie Ihren Oberkörper gleichsam »aufgezogen« – weil Sie ja Ihre Schultern drehten und/oder Ihr Rückgrat stark krümmten. Anders formuliert: Sie haben Energie bzw. Kraft aufgestaut. Verändern Sie nun während des Schlages Ihre Beinstellung nicht, bleibt diese Kraft hinter dem Körper, sie geht verloren. Der erwähnte Schritt nach vorn dagegen macht es Ihnen – bei exaktem Timing – möglich, Ihr gesamtes Körpergewicht und Ihre gesamte aufgestaute Energie in den Schlag zu legen.

Selbstverständlich ist die oben beschriebene »Bogenspannung« des Oberkörpers bei jedem Spieler verschieden. Schließlich ist nicht jeder menschliche Körper gleichermaßen biegsam. Einige Spieler drehen Ihre Schultern sehr weit zurück und krümmen ihren Rücken nur ganz leicht. Andere führen nur eine geringe Körperdrehung aus, biegen aber dafür das Rückgrat extrem stark. Wie wir auf Stufe Drei sehen werden, beeinflussen diese natürlichen Faktoren auch die individuelle Fähigkeit eines Spielers, angeschnittene Aufschläge zu produzieren. Fürs erste aber ist es wichtig zu erkennen, daß der Oberkörper während des Ausholens Kraft ansammelt, und daß diese umgesetzt werden kann. Vergewissern Sie sich gleichzeitig, daß Sie im Rahmen Ihrer körperlichen Voraussetzungen leicht und locker ausholen, um jede Überbeanspruchung zu vermeiden. Trainieren Sie eine Drehung des Oberkörpers, aber verkrampfen Sie sich dabei nicht!

Für die meisten Spieler tritt eines der folgenden drei Probleme auf, wenn sie den Schritt mit dem hinteren Fuß ihrer Aufschlagbewegung hinzufügen wollen:

Einige springen oder stoßen nach dem Ball. Dies hat meist seine Ursache in einer bewußten oder unbewußten Änderung des Ballwurfes. Die Spieler denken, sie müssen den Ball weiter nach vorn werfen, um den Ball sauber zu treffen, wenn sie gleichzeitig einen Schritt nach vorn während des Schlagens ausführen. Aber Sie können und müssen den Ball genauso werfen wie zuvor, als Sie den Aufschlag noch ohne den zusätzlichen Schritt übten. Spielen Sie also nicht mit den *grundlegenden Faktoren* Ihres Aufschlags herum!

Andere Spieler stehen beim Aufschlag da wie der Schiefe Turm von Pisa. Sie lehnen sich mit dem ganzen Körper nach vorn. Da ist es nur logisch, daß der Ball schließlich hinter dem Körper getroffen wird. Sie schlagen dann zu, ohne das Körpergewicht in den Schlag zu bringen, und sie fallen nach dem Treffen mehr über die Grundlinie, als daß ein Schritt nach vorn erfolgt. Wann immer ich selbst den Ball hochwerfe, achte ich darauf, daß meine vordere Hüfte etwas zum Netz zeigt. Mein Oberkörper aber bleibt zurückgebeugt und damit hinter dem Ball.

DER AUFSCHLAG AUF EINEN BLICK—
VON DER SEITE BETRACHTET

Am Anfang der Schlagbewegung befindet sich mein Körpergewicht auf dem hinteren Fuß (1) und bleibt dort zu Beginn des Ausholens. Erst nach dem Ballwurf verlagert sich das Gewicht nach vorn (5). Achten Sie einmal darauf, daß ich meine Hüften ein bißchen nach vorn schiebe (6 und 7), sobald sich der Ball seinem höchsten Punkt nähert. Das hilft mir, hinter dem Schlag zu bleiben, bevor das eigentliche Durchziehen beginnt.

Wenn der Ball seinen höchsten Punkt erreicht hat (8), bewegt sich mein Schläger immer noch zurück. Viele Spieler haben das Ausholen noch nicht beendet (hier 9), wenn der Ball gerade beginnt, wieder herunterzufallen. Dabei ist das der Moment, wo der Ball die geringste Geschwindigkeit hat: Sie können ihn jetzt am leichtesten anvisieren. Achten Sie auch darauf (11), daß ich den Ball ein paar Zentimeter unter seinem höchsten Punkt treffe. Ich stehe mit der linken Schulter

zum Netz (9) und behalte diese Stellung bis zum Treffpunkt bei (12). Am Ende des Schlages (14) bilden meine Arme vor dem Körper ein Kreuz; ein Zeichen dafür, daß ich mein Körpergewicht optimal in den Schlag hineingelegt habe.

Das dritte große Problem – wahrscheinlich ist es von allen am schwierigsten zu überwinden – heißt: Die Schultern werden zu früh geöffnet. Drehen Sie nämlich die Schultern nach vorn, bevor Sie den Ball getroffen haben, war alle Mühe umsonst – die ganze Kraft der Ausholbewegung geht verloren. Stellen Sie sich also bis zum Treffen des Balles seitlich zum Netz. Indem Sie es vermeiden, den Körper leicht oder vollständig zum Netz zu drehen, *bevor* Sie den Ball geschlagen haben, können Sie auch die ganze, während des Ausholens angesammelte Kraft ausnutzen.

Das zu frühe Öffnen der Schultern führt zu jenem bekannten Anblick in den meisten Tennis-Clubs: Beim Durchziehen schwingt der Wurfarm des Spie-

DER AUFSCHLAG AUF EINEN BLICK – VON VORN BETRACHTET

Schauen Sie einmal auf die Federkraft und Beweglichkeit in meinen Knien zu Beginn des Aufschlags (2). Wer wirklich locker in den Beinen bleibt, steht völlig entspannt da und kann sich mit aller Kraft in den Aufschlag hineinlegen. Doch die »Bogenspannung« bei der Ausholbewegung ist natürlich individuell verschieden. Ich selbst kann sehr druckvoll servieren, weil ich meine Schultern in einer horizontalen Achse herumdrehe und gleichzeitig mein Rückgrat extrem stark zu biegen vermag (3). Mit diesem doppelten »Aufziehen« des Körpers erziele ich eine größere Drehung und damit auch mehr Schwung beim Ausholen. Doch jeder Spieler sollte diese Oberkörper-Drehung je nach physischen Voraussetzungen ausführen. Viele Clubspieler überanstrengt das dauernde Drehen der Schultern oder ein leichtes Zurückbiegen des Rückgrates. Während der Ausholbewegung gilt meine absolute Konzentration dem Ball. Besonders deutlich wird das am Ende des Ausholens (5), wenn ich bereit bin, zuzuschlagen. Gerade hier verlieren viele Spieler die Filzkugel aus den Augen, weil sie sich zu viele Gedanken über das anschließende Plazieren des Balles machen.

3

4

In den Bildern 7 und 8 wird deutlich, daß ich mit dem Racket »um den Ball herum« schlage: Es folgt ein Slice-Aufschlag. Unmittelbar nach dem Treffen aber steht die Schlägerfläche wieder gerade in Schlagrichtung – weil das Handgelenk im Moment des Treffens etwas nach vorn gekippt wird. Viel zu viele Spieler schlagen übrigens nur zögernd zu – anstatt locker und flüssig durchzuziehen. Interessant auch, daß mein linker Ellbogen während des Schlages gegen meine linke Hüfte gepreßt bleibt. Auf der linken Körperseite bleibe ich vollständig im Gleichgewicht.

lers zur Seite oder nach hinten aus, während der Schlagarm irgendwo vorne herumgeistert.

Bei einer korrekten Schlagausführung pendelt der Wurfarm *vor* Ihrem Körper aus, etwa in Hüft- oder Bauchhöhe. Der Schlagarm *kreuzt* dabei den Wurf-

arm und schwingt vollständig aus. Das Racket weist zum Boden.

Vergessen Sie aber eines nicht: Gehen Sie erst dann zu unserer Stufe Zwei über, wenn Sie die drei grundlegenden Bewegungen des Aufschlags von Stufe Eins vollständig verstanden und automatisiert haben. Die Einbeziehung des Körpergewichtes in den Schlag wird jeden Spieler durcheinanderbringen, der die Aufschlagbewegung noch nicht sicher ausführen kann. Wer noch Schwierigkeiten mit dem exakten Ballwurf hat, kann unmöglich versuchen, mit einem Schritt ins Feld hinein aufzuschlagen.

Nichtsdestoweniger ist es an einem bestimmten Punkt Ihrer Tennis-Karriere notwendig, diese Stufe Zwei zu erreichen, und sei es nur, um aus taktischen Gründen nach dem Service einen Schritt ins Feld hinein zu machen. Denn dieser Schritt bringt Sie dahin, die Oberhand am Netz zu gewinnen: Eine unerläßliche Taktik für ein aggressives Einzel- oder Doppelmatch.

Wenn Sie dann soviel trainiert haben, daß sich nach dem Durchziehen Ihre Arme kreuzen, daß all Ihre Aufschläge in exakter Balance ausgeführt werden, dann kann es losgehen mit Stufe Drei. Bisher haben Sie einen harten Aufschlag im Rahmen Ihrer individuellen Grenzen serviert, bisher haben Sie nicht nur mit Arm und Handgelenk aufgeschlagen, sondern mit Schultern, Hüften und Beinen – mit Ihrem gesamten Körpergewicht also. Jetzt aber müssen Genauigkeit der Schläge und angeschnittene Aufschläge trainiert werden, denn ein mächtiger, harter Aufschlag allein reicht nicht aus.

Stufe Drei: Viele Wege führen zum Angriff

Ihr Ziel auf Stufe Drei muß es sein, Ihre Aufschlagbewegung derart zu variieren, daß Sie in bestimmten Matchsituationen mit höchstmöglichem Erfolg aufschlagen. Es ist eigentlich überflüssig zu erwähnen, daß die grundlegende Match-Taktik darin besteht, seine eigenen Aufschlagspiele durchzubringen. Um das aber gegen einen Kontrahenten gleicher Spielstärke zu schaffen, müssen Sie eine ausreichende Zahl von Aufschlag-Variationen trainieren, das heißt, in der Lage sein, Härte, Schnitt und Richtung zu verändern. Andernfalls wird Ihr Gegner rasch geeignete Antworten (sprich: Returns) finden. Je mehr Sie Ihren Widersacher im unklaren lassen, wie und wohin Sie servieren, desto leichter fällt es Ihnen, Ihre Aufschlagsspiele zu gewinnen.

Doch das ist einfacher gesagt als getan! Viele Spieler benötigen jahrelanges Training sowie die Unterstützung eines gut geschulten Trainers, um sicher und variabel aufzuschlagen. Selbst auf ganz hohem spielerischem Niveau ist ständige Anstrengung und kontinuierliches Üben erforderlich, soll der Aufschlag maximale Wirkung haben. Unterschätzen Sie also bitte nicht die Zeit, die erforderlich ist – gerade auf dieser Stufe.

In Wirklichkeit beherrschen nur ganz wenige Spieler – selbst unter den Profis – alle Aufschlagarten gleichmäßig gut. In diesem Sinne ist niemand im Besitz des *perfekten* Aufschlags. Doch wir werden sehen, daß einige Spieler bestimmte Service-Varianten besser ausführen können. Daher ist diese Entwicklungsstufe Drei auch die Stufe des Experimentierens. Hier muß jeder Spieler seine für ihn günstigsten Aufschlagarten herausfinden und sie zu scharfen, verläßlichen Waffen ausbauen.

Dabei sind zwei Schritte erforderlich, um die Lücke von Stufe Zwei zu Stufe Drei zu schließen.

Zunächst müssen Sie Ihre Griffhaltung ändern. Als wir mit der Aufschlagbewegung begannen, empfahl ich Ihnen den normalen Vorhand-Griff. Jetzt sollten Sie sich an den bequemen »Eastern-Rückhand-« oder »Continental-Griff« gewöhnen. Dabei wandert die Hand etwa eine Vierteldrehung nach links (für Rechtshänder) über den Schlägergriff. Verändern Sie als Reaktion auf diesen Wechsel der Griffhaltung aber nichts anderes.

- Wenden Sie jetzt also nicht etwa eine andere Art des Ballwurfes an.
- Nehmen Sie jetzt also nicht anders als gewohnt Ihren Schläger zurück.
- Versuchen Sie also jetzt nicht etwa einen anderen Ausschwung als Ersatz oder Ergänzung für die neue Griffhaltung.

Während die Position Ihrer Hand auf dem Schläger-griff sich nur geringfügig ändert, ist die Wirkung auf die Anzahl möglicher Service-Varianten immens groß. Von nun an bringen Sie die Schlägerfläche nicht mehr ausschließlich gerade gegen den Ball, sondern können die Schlägerfläche im Treffpunkt leicht abwinkeln. Sie erhalten jetzt erstmals ein Ge-fühl dafür, wie die Saiten den Ball »streicheln«, ihn anschneiden.

Der zweite Schritt hin zu Stufe Drei beinhaltet eher einen Übungsprozeß, weniger eine Änderung. Sie werden dadurch aber erkennen, daß der Wechsel der Griffhaltung Ihnen noch mehr Kontrolle über den Schlag vermittelt. Die Prozedur ist ganz einfach. Nehmen Sie sich das Aufschlagfeld, in das Sie ser-vieren wollen, und teilen Sie es in zwei Hälften – linke Seite, rechte Seite. Üben Sie Aufschläge in beide Hälften. Schlagen Sie auf diese Weise sowohl in das linke wie auch in das rechte Aufschlagfeld. Solche Übungen sollten so lange regelmäßiger Be-standteil Ihres Aufschlagtrainings sein, bis Sie ver-läßliche Resultate erzielen. Am Anfang kann es Ihr einziges Bestreben sein, den Ball in die Hälfte zu plazieren, die Sie sich vorher als Ziel ausgewählt haben.

Noch einmal: Vermeiden Sie ganz bewußt irgend-welche Änderungen des Ballwurfes, der Körper- oder der Schlagbewegung. Ihre Gedanken sollten ausschließlich auf das gewünschte Ziel bzw. Auf-schlagfeld gerichtet sein. Ihre Nerven und Muskeln sollten dabei die Bewegungen steuern.

Nach einiger Zeit wird diese Übungsform (Wechsel der Griffhaltung – die grundlegende Aufschlag-Technik wird nicht verändert) verschiedene Service-Varianten hervorbringen. So werden Ihre Auf-schläge weit zur linken Seite des linken Aufschlagfeldes etwas »Slice« enthalten – beim Service eine Art Kombination von Seiten- und Vorwärtsdrall. Ihre Aufschläge zur rechten Seite des linken Feldes dürften etwas flacher und weicher fliegen, wobei sie mit etwas mehr Vorwärts- und Seitendrall geschlagen werden.

Vielleicht scheint es seltsam, daß ich bisher keine Slice-, Twist- oder flachen Aufschläge erwähnt habe. Doch der Grund für diese vermeintliche Unterlassungssünde ist ganz wesentlich für meine gesamte Methode, einen anständigen Aufschlag zu lehren. Bis Sie eine fundamentale Service-Bewegung gelernt haben, die für Sie locker und natürlich auszuführen ist, sollten Sie komplizierte Aufschlagarten aus Ihrem Gedächtnis streichen. Erst auf Stufe Drei beginnen Sie allmählich damit, mittelmäßige Versionen dieser drei Aufschlagtypen einzusetzen. Sie müssen das jedoch tun, ohne grundlegende Veränderungen beim Ballwurf und bei der Schlagbewegung vorzunehmen. Das heißt, Sie können jetzt verschiedenartige Aufschläge plazieren, ohne Ihre Absicht dem Gegner zu »telegraphieren«. Dieses Vorgehen sollte Sie auch davon abhalten, sich irgendwelche ungewöhnlichen, unnatürlichen oder unbeholfenen Bewegungen anzugewöhnen. Einmal würde das Ihrem Service die Kraft nehmen, zum anderen würde es Sie körperlich sehr anstrengen.
Jedenfalls sind Sie nun in der Lage, Ihr Service bewußt zu setzen – Sie sind auch in der Lage, noch ausgeklügeltere Arten der verschiedenen Aufschläge zu produzieren, wenn Sie

- Ihre ursprüngliche Aufschlagtechnik beibehalten;
- Ihren Griff ändern;
- bestimmte Ziele in den Aufschlagfeldern anvisieren.

Flacher Aufschlag

EINE BEWEGUNG – DREI AUFSCHLÄGE

Wenn Sie versuchen, Ihren Aufschlag zu variieren, so geschieht das nicht, damit Sie jedem Ihre technischen Fertigkeiten demonstrieren können. In erster Linie soll Ihr Gegner im unklaren darüber bleiben, wohin Sie Ihr Service setzen und Ihnen jeden Vorteil verschaffen, den ein eigenes Aufschlagsspiel nun einmal mit sich bringt. Bevor Sie die Vielzahl der Aufschlag-Varianten beherrschen können, müssen Sie erst einmal die grundlegende Aushol- und Schlagbewegung des Service gelernt und automatisiert haben. Und wenn Sie diese grundlegenden Bewegungsabläufe »drauf« haben, bringen Sie auch die drei Aufschläge zustande, die auf Seiten 54–58 in Foto-Sequenz dargestellt werden.

Und jetzt können Sie spezielle Twist-, Slice- und flache Aufschläge recht einfach an den Mann bringen, wobei Sie sich voll auf zwei wesentliche Dinge während des Aufschlags konzentrieren:

Twist-Aufschlag

Slice-Aufschlag

1) auf den Teil des Balles, den Ihr Schläger zuerst berührt;
2) auf die Haltung Ihres Körpers, wenn der Ball beim Wurf seinen höchsten Punkt erreicht hat.

Hier erfolgt gewissermaßen die Feinabstimmung. Sie legen jetzt den Weg fest, den Ihr Schläger während des Schlages vollführt, und bestimmen den Winkel des Schlägers im Moment des Treffens.

Beim Twist-Aufschlag sollten Sie den Ball auf der *linken* Seite treffen und so ausholen, daß Sie das Gefühl haben, *unter* den Schlag zu kommen. Der Ball überquert das Netz in einigen Metern Höhe, bekommt eine Mischung aus Seiten- und Vorwärtsdrall und springt in seitlicher Richtung nach dem Aufprall ab.

Beim flachen Aufschlag sollten Sie den Ball voll von *hinten* treffen und so ausholen, daß Sie das Gefühl

51

haben, von *hinten* gegen den Schlag zu kommen. Das ergibt einen flachen Aufschlag mit wenig Schnitt aber einer gehörigen Portion Tempo.

Beim Slice-Aufschlag sollten Sie den Ball auf der *rechten* Seite treffen und so ausholen, daß Sie das Gefühl haben, mit dem Körper *von der Seite* gegen den Schlag zu kommen. Das ergibt einen Ball, der das Netz in einigen Metern Höhe überquert. Seine Flugbahn ist gekrümmt, da der Ball seitlichen Drall erhalten hat.

Wenn Sie also beim Aufschlag mehr zum Rückhand-Griff herumfassen, wird es leichter, verschiedene Teile des Balles zu treffen, ohne dabei den Ball anders zu werfen. Ändern Sie daher nicht den Ballwurf, um das Verhältnis Körper-Ball, das ich bei den verschiedenen Aufschlagarten eben beschrieben habe, besser abschätzen zu können. Es kommt ganz wesentlich darauf an, beim Zuschlagen die Haltung des Körpers nur ganz leicht zu verändern. Der übliche Ballwurf muß *beibehalten* werden, so daß Ihr Kontrahent über die Art des Aufschlags im Dunkeln tappt. Werfen Sie den Ball nicht einmal hierhin, einmal dorthin, um mit dem Körper unter, hinter bzw. seitlich gegen den Ball zu kommen. Werfen Sie den Ball immer gleichmäßig nach oben. Von der Ausgangsstellung Ihres Körpers zu Beginn des Service versuchen Sie dann, unter, hinter bzw. von der Seite gegen den Ball zu schlagen.

Bestimmte Aufschlagarten liegen einigen Spielern mehr als andere. Die gebräuchlichsten Aufschläge sind vor allem das Slice-Service und der flache Aufschlag, letzterer mit ein wenig Vorwärtsdrall zwecks besserer Kontrolle – ein Aufschlag also, bei dem Sie sowohl ein wenig von »unten« als auch ein wenig von »hinten« zuschlagen. Der spezielle Twist-Aufschlag dagegen ist weniger üblich. Für viele Spieler ist das extreme Biegen des Rückgrates zu strapaziös. Außerdem springen derartige Bälle auf den meisten Platzoberflächen zu hoch ab und sind relativ leicht zu returnieren.

Auf den folgenden 5 Seiten werden parallel 3 Aufschlagserien (von 1–10) dargestellt.

Obere Bildserie: Gerader Aufschlag
Mittlere Bildserie: Twist-Aufschlag
Untere Bildserie: Slice-Aufschlag

*Beim Ballwurf (3) gibt es ganz minimale Abweichungen. Beim geraden Aufschlag wird der Ball etwas mehr in Richtung Netz geworfen (wenn das aus dieser Perspektive auch nicht ganz deutlich wird). Beim Twist-Aufschlag wird der Ball etwas mehr direkt über den Kopf geworfen. Diese Unterschiede sind aber nur sehr gering und spielen sich innerhalb Ihrer natürlichen Reichweite ab. Denken Sie deshalb weniger daran, den Ball unterschiedlich hochzuwerfen. Konzentrieren Sie sich eher darauf, je nach Art des Aufschlages, **die Haltung Ihres Oberkörpers leicht zu verändern.** Am deutlichsten sehen Sie das an den Fotos 3 bis 5: beim geraden Aufschlag bauen Sie sich so auf, daß Ihr Schläger **hinter** den Ball kommt; beim Twist-Service postieren Sie Ihren Oberkörper dergestalt, daß Sie mehr **unter** den Ball gelangen, und beim Slice-Aufschlag befindet sich Ihr Oberkörper in einer Haltung, die es Ihnen ermöglicht, mit dem Racket **um den Ball herum** zu kommen.*

Achten Sie auch einmal auf die unterschiedliche Ausrichtung der Schultern, wenn der Schläger zum Ball gebracht wird (6/7) – in den Sekundenbruchteilen vor dem eigentlichen Treffen kann der Gegner überhaupt nicht voraussehen, wohin der Aufschlag plaziert wird. Beim Slice- oder Twist-Service fliegt der Ball höher über das Netz (geringere Fehlerquelle!). Das spricht dafür, diese Aufschlagarten besonders beim zweiten Aufschlag und beim ersten Service im Doppel zu verwenden (Foto 9).

Auf diesen Bildfolgen ist der Gegner übrigens ein Linkshänder. Darum ist der gerade Aufschlag mehr auf seinen Körper, der Twist mehr auf seine Vorhand und der Slice mehr auf seine Rückhand gezielt.

7

8

7

8

7

8

Ein paar Gedanken über Ihren Aufschlag

Wenn Sie, wie ich das vorschlage, Ihren Aufschlag in einzelne Phasen zerlegen, werden Sie in der Lage sein, diesen Schlag vollkommen kontrolliert zu trainieren. Sie werden dann über eine logische und geordnete Methode verfügen, Ihren Aufschlag zu analysieren und korrigieren, wenn es einmal nicht so gut läuft. Deshalb möchte ich Ihnen jetzt einige taktische und psychologische Faktoren erklären, die den Aufschlag während des Matches beeinflussen, und Ihnen dann einige Vorschläge machen, wie man das Service trainiert.

Planen Sie jeden einzelnen Aufschlag

Der Aufschlag ist der einzige Schlag im Tennis, der nicht gleichzeitig eine Reaktion darstellt – also der einzige Schlag, der nicht Folge eines Balles ist, den Ihr Gegner gespielt hat. Deshalb erfordert das Service auch eine ganz bewußte Vorbereitung, wenn es Erfolg haben soll. Und deshalb ist es auch sinnlos, einen Ball zu servieren, ohne sich vorher genau zu überlegen, wohin der Ball plaziert werden soll und wie Sie ihn zu schlagen gedenken.

Machen Sie sich einen genauen Plan für jeden Aufschlag, den Sie ausführen – allerdings muß das nicht zu kompliziert sein. Stellen Sie sich zum Beispiel vor, daß Sie Ihren Aufschlag auf die Rückhand-Seite des Gegners setzen wollen, dann ans Netz laufen und einen Vorhand-Volley cross ins Feld spielen möchten. Diese »positive Einstellung« vor einem Schlag wird meistens bessere Resultate mit sich bringen. Natürlich werden Sie nicht bei jedem Aufschlag das vorher gesteckte Ziel erreichen. Aber *wenn* sich der Angriffszug so entwickelt, wie Sie es vorher geplant haben, und *wenn* Sie mit dem Volley wie beabsichtigt den Punkt buchen, dann wissen Sie nicht nur, daß Sie konditionell in der Lage sind, auf diese Weise Tennis zu spielen: Sie werden auch ein Gefühl der Freude verspüren, daß Sie – zumindest für diesen einen Ballwechsel – das Match ganz bewußt beherrscht haben.

Wenn Sie während des Matches merken, daß Ihr Aufschlag schwächer wird, dann hilft nur eines: ergänzend zur taktischen Planung tritt die Konzentration auf ein bestimmtes technisches Detail – und zwar, bevor Sie aufschlagen!

Wenn Sie also glauben, daß mit Ihrem Ballwurf etwas nicht stimmt, müssen Sie den Ball beim nächsten Mal präziser, mit größerer Sorgfalt hochwerfen. Und wenn Sie glauben, daß Ihr Aufschlag »zu viel Dampf« hat, müssen Sie den nächsten Ball eben etwas weicher schlagen und nicht mit voller Kraft.

Vor dem Spiel die Weichen stellen

Von Ihrem ersten Aufschlagspiel an sollten Sie Ihre Angriffe auf Ihren eigenen Stärken aufbauen und auf die Schwächen des Gegners ausrichten. Je eher Sie den Gegner in die Defensive drängen, desto eher kontrollieren Sie das Spielgeschehen. Mit dem Aufschlag haben Sie bekanntlich einen großen Vorteil – darüber sollten Sie sich von vornherein im klaren sein. Psychologisch ist es zudem bedeutsam, die ersten Aufschlagspiele nach Hause zu bringen: man ist gelöster und zuversichtlicher und findet schneller seinen Rhythmus.

Wenn ich die Wahl habe, schlage ich immer zuerst auf. Sehe ich nämlich unter meinem Namen an der Anzeigetafel die ersten Punkte, fühle ich mich gleich wesentlich freier. Außerdem: wähle ich zuerst das Service-Recht, zeige ich mir und meinem Gegner, daß ich mit viel Selbstvertrauen an meinen Aufschlag herangehe.

Auf die Schwächen servieren – nicht auf die Stärken

Grundsätzlich gibt es nur drei Möglichkeiten, mit dem Service zu attackieren: auf die Vorhand, auf die Rückhand oder auf den Körper des Gegners. Es liegt natürlich ganz bei Ihnen, herauszufinden, mit welcher Methode Sie vorgehen.

Im allgemeinen allerdings ist es so, daß die meisten Spieler die Vorhand besser beherrschen. In der Mehrzahl Ihrer Wettkämpfe sollten Sie daher auf die Rückhand-Seite aufschlagen. Ab und zu findet man die Ausnahme, daß bei einem Spieler der Rückhand-Return der stärkere Schlag ist. In diesem Fall servieren Sie natürlich mindestens jeden zweiten Ball auf dessen Vorhand. Dann gibt es Spieler, die Vor- und Rückhand-Returns gleich gut schlagen, wenn sie Zeit genug haben, in Stellung zu laufen. Solche Spieler verblüfft man meist mit einer Taktik, die darauf gerichtet ist, die Aufschläge direkt »auf Mann« zu plazieren.

Egal, wie Sie Ihren Gegner unter Druck setzen, bringen Sie ihn auch dadurch aus dem Schlagrhythmus, daß Sie Ihre Taktik von Zeit zu Zeit ändern und auch auf seine stärkere Seite servieren: sonst wird es für den Gegner vielleicht zur Gewohnheit, wenn Sie

stets auf seine vermeintlich schwache Stelle zielen. Nehmen wir an, beide Spieler sind Rechtshänder: denken Sie daran, daß ein Aufschlag auf die Rückhand des Gegenübers leichter im rechten (zweiten) als linken (ersten) Aufschlagfeld zu plazieren ist. Selbst wenn der Rückschläger im rechten Aufschlagfeld seine Rückhand umläuft und mit der Vorhand returniert, sind Sie im Vorteil: Durch das Um-

1   2

DER SCHMETTERBALL – EIN AUFSCHLAG MIT DEM GEWISSEN UNTERSCHIED

Es gibt eine erstaunliche Zahl von Tennisspielern, die schlechte Aufschläge besitzen, aber hervorragend schmettern. Andere dagegen servieren ausgezeichnet, bringen aber nur einen kümmerlichen Smash zuwege. Die Erklärung für diese Tatsache fällt schwer, aber ich denke, es macht deutlich, daß man den Überkopfball nicht automatisch beherrschen kann – obgleich er der Aufschlagbewegung doch sehr ähnelt.

*Auf den hier abgedruckten Fotos versuche ich einmal einen Smash nach einem Lob in den hinteren Teil des Feldes und schmettere beim zweiten Beispiel nach einem sehr kurzen Lob. Das Geheimnis in beiden Situationen liegt darin, mit schnellen, kleinen Schritten seitwärts zum Netz und **unter** den herabfallenden Ball zu gelangen (viele Spieler postieren sich zu weit hinten, wenn sie einen Lob anvisieren). Der freie linke Arm weist dabei auf den heranfliegenden Ball, einmal als Orientierungshilfe, zum anderen, um mit dem Körper im Gleichgewicht zu bleiben.*

In beiden Fällen übrigens tritt nicht jene Verlagerung des Körpergewichtes auf, das wir vom Aufschlag kennen. Beim Schmetterball muß man den Ball zuallererst sicher und genau treffen – ein Vorrücken nach dem Schlag ist von keiner oder nur geringer Bedeutung.

3

4

1

2

5

6

3

4

laufen ist er praktisch aus dem Platz herausgetrieben worden – Sie haben jetzt viel Raum in der gegnerischen Platzhälfte, um Ihren zweiten Ball zu setzen. Stellen Sie sich die gleiche Situation im linken Aufschlagfeld vor! Umläuft der Gegner hier seine Rückhand nach Ihrem Service, bewegt er sich in Richtung auf die Platzmitte und damit in eine günstige Position.

Auch unter Druck:
Locker bleiben

Sie werden sich wundern, um wieviel besser Sie spielen, wenn es Ihnen gelingt, während kritischer Match-Situationen Ihre Nerven unter Kontrolle zu halten. Vor ein paar Jahren litt ich einmal unter einem schmerzhaften Tennisarm und wußte, daß ich nicht wie gewohnt meinen »Kanonenaufschlag« würde abfeuern können. Ich war also gezwungen, mit möglichst geringer Anstrengung und Belastung für den Arm den Ball zu treffen. Ich schlug zwar nicht gerade viele Asse, aber zu meiner Überraschung entwickelte ich ein unglaubliches Gefühl für den richtigen Schlagrhythmus: nach und nach gelang es mir, jeden nur gewünschten Punkt zu treffen! Mein Tennisarm zwang mich, lockerer, gelöster aufzuschlagen. Dabei entdeckte ich, daß mein leichtes, entspanntes Spiel mir zugleich die Gelegenheit verschaffte, wesentlich präziser zu servieren.
Achten Sie aber auch auf jene Situationen, wenn beim Aufschlag zusätzlicher Druck auf Ihnen lastet. Meist passiert das eher beim zweiten als beim ersten Service. So ist der erste Punkt eines Aufschlagspiels oft hart umkämpft, so steht man unter großer Belastung, wenn man bei einem Matchball servieren

muß. Und natürlich ist man auch etwas aufgeregter, wenn der Gegner bei Ihrem Aufschlag zum »Break-Point« kommt. Sicher ist es schwer, in solch kritischen Situationen klaren Kopf zu behalten; doch wenn es Ihnen gelingt, schlagen Sie eben besser auf!

Üben Sie den zweiten Aufschlag

Wenn Sie darangehen, Ihren Aufschlag zu trainieren, sollten Sie sich vornehmen, einen langen zweiten Aufschlag zu üben, nicht ausschließlich ein explosives erstes Service. Wenn Sie während der Trainingsstunden grundsätzlich Ihren zweiten Aufschlag benutzen, werden Sie mit Sicherheit mehr Balance- und Rhythmus-Gefühl entwickeln. So ein Schlag geht dann für Sie in Fleisch und Blut über und ist auch in gefährlichen Situationen verläßlich. Außerdem schlagen Sie mit diesem System mehr Bälle ins richtige Aufschlagfeld, langsam aber sicher wird sich Ihr Selbstvertrauen beim Aufschlag steigern – jener Aufschlag, der Sie mit Erfolg durch viele Matches tragen wird.

Tom Okker

Der Weg
zur perfekten
Vorhand

Meine Vorhand und Ihre

Topspin heißt das Tennis von heute, auch auf Profi-Ebene. Vor 25 Jahren schlug kein Mensch Bälle mit Topspin. Vor etwas mehr als zehn Jahren war ich einer der wenigen Spieler, die einen derartigen Schlag einsetzten: es war meine Topspin-Vorhand.

Heute greifen fast alle jungen Spieler mit Topspin-Schlägen an, mit Vor- oder Rückhand – oder auf beiden Seiten.

Angriffslustige Spieler schätzen den Topspin, weil man zwar sehr hart zuschlagen kann, der Ball aber dennoch nicht ins Netz fliegt oder ins Aus segelt. Jener extreme Vorwärtsdrall oder Topspin, der dem Ball durch die Berührung mit den Saiten beim Treffen verliehen wird, erzeugt einen Ball, der das Netz in einer steilen Flugkurve überquert, aber auf der gegnerischen Seite sehr schnell zu Boden fällt. So ein Schlag ist für den anderen als Volley nur sehr schwer zu nehmen, doch wenn Ihr Gegner ihn erst einmal aufprallen läßt, springt der Ball nach oben weg und auf ihn zu ...

Ich selbst begann sehr früh mit Topspin-Schlägen. Als ich noch klein war, spielten meine Eltern in einem holländischen Tennis-Club. Ich erinnere mich an Lex Karamoy, einen starken indonesischen Spieler, der schon ein paarmal die holländischen Meisterschaften gewonnen hatte. Es gab kaum einen Schlag, den er nicht irgendwie anschnitt. Je mehr ich mit ihm trainierte, desto mehr versuchte ich, seinen Stil zu kopieren; nach und nach schlug auch ich Bälle mit viel Drall, vor allem auf der Vorhand. Ich lernte, wie man Unterarm und Handgelenk im Moment des Treffens nach vorn kippte, um den Ball mit extremem Drall zu versehen.

Während meiner eigenen sportlichen Entwicklung jedoch – ich denke, daß ich das für die Clubspieler anmerken muß – nahm ich nicht etwa ausschließlich die Topspin-Vorhand anstelle des geraden, flachen Schlages in mein Repertoire auf. Auf den langsamen Aschenplätzen, die in Europa üblich sind, muß man Vor- und Rückhand-Schläge in allen Variationen beherrschen, um bei langen Ballwechseln seinen Mann zu stehen. Gegebenenfalls kann man dann immer noch seine Topspin-Vorhand einsetzen, zum Beispiel, wenn man einen Punkt endgültig für sich entscheiden will.

Trotz meines Rufes als typischer Topspin-Spieler rate ich Ihnen erst einmal folgendes: Sehen Sie zunächst zu, daß Sie all Ihre Schläge technisch so sauber wie möglich ausführen; dann können Sie immer noch Spezialschläge hinzulernen. Das gilt ganz besonders auf Vereinsebene. Zum einen fehlt es den meisten »Wochenendspielern« an Zeit, Geduld oder Talent, um Schläge zu trainieren, die ungewöhnlich viel Raffinesse und ein sicheres Timing erfordern. Zum anderen muß man im Verein nicht unbedingt ein spektakuläres Tennis spielen – ein sicheres, abgerundetes Spiel genügt meist, um zu gewinnen.

Tatsächlich schlage ich selbst in den meisten Turnier-Matches mehr Rückhand- als Vorhandbälle. Das liegt ganz einfach daran, daß mich meine Kontrahenten mehr auf dieser Seite anspielen. Würde ich mich allein auf meine Topspin-Vorhand verlassen, hätte ich bis heute keinen Preis gewonnen.

Anders gesagt: trainieren Sie die Topspin-Vorhand erst dann, wenn Sie die herkömmliche, *gerade* Vorhand wirklich sicher schlagen können. Solange Sie diese technische Voraussetzung nicht erfüllen, liegt die Topspin-Vorhand außerhalb Ihrer Möglichkeiten. Man kann das auch von der taktischen Seite her

DIE VORHAND-GRUNDSCHLÄGE

Beim geraden Vorhand-Grundschlag zeigt die Bespannung direkt in die gewünschte Flugrichtung des Balles, der Schlägerkopf steht senkrecht. Der Treffpunkt liegt vor dem Körper, Unterarm und Handgelenk bleiben fest. Am Ende der Ausholbewegung (3, S. 75 oben) befindet sich der Schläger etwa in Hüfthöhe. Beim Durchziehen bleibt der Schläger auf dieser Höhe, nach dem Treffen schwingt das Racket nach vorn oben aus.

Bei der Topspin-Vorhand zeigt die Bespannung zu Boden, die Schlägerfläche ist geschlossen. Arm und Handgelenk sind bis zum Treffen ebenso fixiert wie bei der geraden Vorhand. Im Moment des Treffens werden sie jedoch etwas nach vorn abgekippt, damit der Schläger dem Ball den gewünschten Vorwärtsdrall verleiht. Der Schlägerkopf bleibt während der Treffphase nicht auf ein und derselben Ebene, sondern wird von unten nach oben gegen den Ball geführt.

Bei der Slice-Vorhand zeigt die Bespannung immer nach oben, die Schlägerfläche ist geöffnet. Beim Zuschlagen ist der Schlägerkopf leicht zurückgeneigt (3, S. 75 unten), damit der Ball Unterschnitt erhält. Im Moment des Treffens aber bleiben Unterarm und Handgelenk fest. Der Ausschwung ist relativ kurz und endet früher als bei der geraden und bei der Topspin-Vorhand.

74

betrachten: es ist witzlos, eine Topspin-Vorhand zu schlagen, solange Sie den Einsatz dieses Schlages nicht vorbereiten können, solange Sie nicht mit präzisen Grundschlägen auf der Vor- und Rückhand-Seite agieren.

Lassen wir im Moment das Thema Vorhand-Spezialschläge beiseite. Diese Varianten sieht man ja eher auf höherem Spielniveau. Beschäftigen wir uns lieber mit dem Vorhand-Grundschlag. Nach meinen eigenen Erfahrungen läßt sich behaupten: Bei den meisten Spielern kommt der Vorhand-Grundschlag lange nicht so sicher, wie es eigentlich möglich wäre.

Dabei sind mir zwei ständig wiederkehrende Fehler aufgefallen. Entweder wollen die Leute die Schlagbewegung zu rasch zu Ende bringen oder sie versuchen, zu hart zu schlagen. Oder sie tun beides.

Fehler Nummer Eins ist meist das Resultat aus Faulheit oder Gleichgültigkeit. Für die meisten Spieler ist die Vorhand ja der erste Schlag, den sie lernen. Als solcher ist es der Schlag, den sie für den leichtesten und natürlichsten halten — man achtet nicht mehr allzusehr auf die richtige Technik. Sehr bald kommt dann das Ausholen zu spät, natürlich fehlt es dann bei der Schlagbewegung am richtigen Durchziehen und damit an der Härte des Schlages. Vom Ausholen bis zum Durchziehen dauert ein gewöhnlicher Vorhand-Schlag etwa zwei Sekunden — aber ich bin völlig sicher, daß die meisten Clubspieler sich nicht einmal eine Sekunde Zeit nehmen. Sie bringen das Racket zu spät nach hinten und treffen den Ball selbstverständlich zu spät. Sobald ihr Schläger den Ball getroffen hat, stoppen sie ab — Kontrolle und Härte des Schlages bleiben auf der Strecke.

Fehler Nummer Zwei dürfte auch darin begründet sein, daß man die Vorhand zuerst gelernt hat. Es existiert da wohl so eine Art innere Überzeugung, daß die Vorhand so hart wie irgendmöglich geschlagen werden muß. Deshalb versuchen viele Spieler einfach zuviel des Guten mit ihrer vermeintlich besten Waffe. Sehr rasch wird diese Waffe dann aber stumpf. Anstatt sauber und ruhig durchzuziehen, schlagen sie *mit voller Wucht*. Die Folge ist, daß die Vorhand gar nicht einmal so hart kommt (die Härte eines Balles resultiert ja im Gegenteil aus einem möglichst langen »Führen« des Schlages). Andererseits liegt die Fehlerquote auch wesentlich höher. Diese »Bolzer« auf dem Tennisplatz machen vielleicht einmal einen direkten Punkt – die nächsten zehn Schläge aber landen im Aus.

Was den Fehler des Zu-Hart-Schlagens betrifft, meine ich, daß Clubspieler generell viel zu leichtsinnig handeln – wahrscheinlich ist das Fernsehen daran schuld, denn dort sieht man ja häufig weltmeisterliche Schläge der Profis. Jedenfalls versucht der Clubspieler, zu schnell den Punkt zu machen, egal, ob beim Aufschlag, Return, ersten Volley oder beim Grundlinienspiel.

In Wirklichkeit gehen Spieler, die häufig gewinnen, ganz selten ein Risiko ein. Alle guten Spieler wissen, *wann* sie unbedingt mit einem vielleicht riskanten Schlag den Punkt erzielen sollten. Das *kann* der Fall sein, wenn man 40:0 führt; das *muß* der Fall sein, wenn man 30:40 zurückliegt. Bei einem Spielstand von 30:30 oder 40:30 aber riskiert man gewöhnlich nichts – man spielt sichere Bälle.

All diese Ratschläge habe ich vorangestellt, weil viele Spieler gut daran täten, ihre Vorhand einmal gründlich zu überprüfen. Sind Sie eigentlich sicher, daß Sie Ihren Vorhand-Schlag so ausführen, wie es sein sollte? Falls nicht, müssen Sie etwas dagegen unternehmen, vorzugsweise mit einer Ballmaschine oder einem wirklich zuverlässigen Trainingspartner. Der einzige Weg, irgendeinen Schlag wieder hinzubekommen, liegt darin, immer und immer wieder geduldig diesen Schlag zu trainieren – das wirft allerdings die Frage des richtigen Vorgehens auf.

Ehrlich gesagt, ich bin nicht so ganz überzeugt von der Ernsthaftigkeit, mit der viele Spieler in Tenniscamps, Tennisschulen oder Trainerstunden gehen. Mir scheint die Rate der Rückfälligen doch ungeheuer groß zu sein – die Leute kommen meist mit genau den gleichen Problemen zurück, die doch eigentlich im letzten Kursus oder in der letzten Trainerstunde behoben worden sind.

Wie auch immer, auch der weniger »ernsthafte« Clubspieler sollte sich zumindest vergewissern, ob er (oder sie) eine technisch saubere, annehmbare Vorhand schlägt.

Die Grundlagen der Vorhand

Eine ganze Menge von Leuten ist der Ansicht, daß die Rückhand der »natürliche« Schlag im Tennis ist. Ich persönlich neige zur Ansicht, daß es leichter und natürlicher ist, auf der rechten Seite des Körpers zu schlagen (falls Sie Rechtshänder sind) bzw. auf der linken Seite des Körpers (falls Sie mit links spielen). Deshalb erfordert der Vorhand-Schlag wohl auch weniger technische Raffinesse als der Rückhand-Schlag. Deshalb beginnen die meisten Tennislehrer wohl auch mit der Vorhand, wenn Sie Anfänger unterrichten.

Daneben ist der Schlag leichter erlernbar, weil es so eine Art natürliche Relation zwischen Schlaghand und Schlägerfläche gibt: Wenn man das Racket korrekt anpackt, befinden sich die Saiten des Schlägers auf einer Ebene mit der Innenfläche der Schlaghand. Die Schlägerfläche wird für den Lernenden ein bißchen zur ferngesteuerten Hand. Bei der Rückhand dagegen weist die Innenfläche der Schlaghand nicht in Schlagrichtung. Da erscheint die Technik eben etwas geheimnisvoller und komplizierter.

Die Griffhaltung lernen – und dann vergessen

Der Vorhand-Schlag ähnelt einer Wurfbewegung, die Sie eher an der Seite Ihres Körpers ausführen, als über die Schulter hinweg.

Bevor man überhaupt einen Schlag vernünftig ausführen kann, muß die Griffhaltung absolut sicher und bequem sein. Ich habe sämtliche Schläge immer mit dem gleichen Griff gespielt – mit dem »Eastern-Vorhand-« oder »Shake-Hands-Griff«, und ich empfehle diese Griffhaltung jedem, der zum erstenmal eine Vorhand schlägt. Ich meine allerdings auch, daß jeder Spieler selbst experimentieren muß, um den Griff zu finden, der ihm oder ihr am meisten zusagt. Hat man dann erst einmal ein paar tausend Bälle in dieser Weise geschlagen, wird die Griffhaltung zur Gewohnheit. Und sind Sie dann über das Anfänger-Stadium im Tennis hinaus, sollten Sie sich über die Griffhaltung keine großen Gedanken mehr machen.

DIE VORHAND-GRIFFHALTUNG

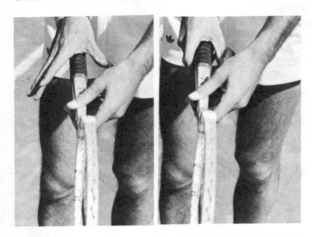

Meinen Vorhand-Griff, den ich hier demonstriere, benutze ich für sämtliche Schläge. Er liegt genau zwischen der »Eastern-Vorhand« und der »Continental-« bzw. »Eastern-Griffhaltung«.

Verfolgen Sie den Schlag
über die vordere Schulter

Das häufigste Problem bei der Vorhand liegt in einer zu späten Ausholbewegung – wenn Sie also den Schläger nicht so frühzeitig zurücknehmen, daß Sie den Ball weit genug vor dem Körper treffen. Dieser Fehler kann nur dann beseitigt werden, wenn man sich rechtzeitig auf den Schlag vorbereitet. Dazu gibt es einen einfachen Trick: Gewöhnen Sie sich an, so rechtzeitig in Stellung zu gehen, daß Sie den heranfliegenden Ball über Ihre vordere Schulter beobachten können. Wenn Sie nämlich die vordere Schulter rechtzeitig herumdrehen, um den Ball anzuvisieren, kommen Sie automatisch in die richtige Stellung zum Ball und können auch Ihr Racket früher zurücknehmen. In der Praxis aber warten viele Spieler, bis der Ball unmittelbar vor ihnen aufprallt – erst dann reagieren sie. Jetzt ist es natürlich viel zu spät, noch einen vernünftigen Schlag anzubringen.
Ich glaube übrigens nicht, daß man mit dem freien Arm auf den herankommenden Ball zeigen sollte, obwohl auch das zum gleichen Resultat führen kann, wie das Anvisieren des Balles über die vordere Schulter. Doch ich halte diese Angewohnheit für ein wenig gekünstelt. Vielleicht lenkt sie sogar zu sehr vom Schlag ab. Ich finde, man hat genug mit seinem rechten Arm zu tun – warum sollte man da auch noch den linken ins Spiel bringen?

Treffpunkt vor dem vorderen Bein

Wenn Sie sich erst einmal an eine frühzeitige Schlagvorbereitung gewöhnt haben, treffen Sie den Ball auch wesentlich leichter vor dem Körper. Indem

HÄUFIGE VORHAND-FEHLER

Falsch

Richtig

Beobachten Sie den Ball über die vordere Schulter. Kein anderer Vorhand-Fehler bewirkt derart viel verschlagene Bälle wie eine schlechte Schlagvorbereitung. Die frontale Stellung zum Netz, die ich hier übertrieben vormache, führt zu einem späten und schlechten Treffen des Balles. Versuchen Sie, sich so zum Ball zu stellen, daß Sie den ankommenden Ball über Ihre vordere Schulter fixieren – automatisch werden Sie dann mit Füßen und Oberkörper richtig zum Ball stehen (links).
Am Ende des Schlages zeigt das Racket in Schlagrichtung. Viele Spieler stoppen ihre Schlag-

Falsch

Falsch

bewegung ständig am Treffpunkt oder kurz danach ab. Dabei ist es ganz typisch, daß sie dann mehr auf dem hinteren Fuß stehen. Oder der Schlag endet, indem solche Spieler das Racket direkt um den Körper »herumwickeln«. Der einzig vernünftige Weg, um eine korrekte Vorhand zu schlagen, ist dieser: Trainieren Sie immer und immer wieder, den Ball so lange wie möglich auf den Saiten zu führen – am Ende der Schlagbewegung befindet sich dann Ihr Körpergewicht auf dem vorderen Fuß, der Schlägerkopf wird weit nach vorn oben durchgezogen (unten).

Richtig

2

DIE GERADE VORHAND AUF EINEN BLICK

Um einen sauberen Grundschlag auszuführen, muß man rechtzeitig erkennen, was der Gegner mit dem Ball zu tun gedenkt (»Antizipation« lautet das Zauberwort). Wenn ich mich so aufbaue, daß ich den heranfliegenden Ball über meine vordere Schulter beobachten kann, stehe ich bei Vor- und Rückhand optimal zum Ball (für die Vorhand sehen Sie das auf Foto 1 und 2).

Bei der Vorhand hole ich mit einer hohen Schleife aus (Foto 2 bis 4). Diese Schleife ist noch ausgeprägter, wenn ich zu einer Topspin-Vorhand aushole. Viele Spitzenspieler allerdings nehmen das Racket auf direktem Wege zurück – parallel zum Boden –, doch jeder hat in seiner Jugend eben eine andere Vorhand-Technik gelernt. Nehmen Sie da-

5

6

3

4

her den Schläger so hinter den Rücken, wie es für Sie selbst am einfachsten und bequemsten erscheint. Wichtiger jedenfalls als die Art der Ausholbewegung ist ein rechtzeitiges Ausholen: Auf diesen Fotos befindet sich mein Schläger bereits weit hinten, während der Ball noch ein ganzes Stück entfernt ist (4). Und mein vorderer Fuß gräbt sich ebenfalls schon in den Boden ein.

Bei der geraden Vorhand beschreibt mein Racket auf Hüfthöhe einen Weg durch die Treffstrecke und beim Durchziehen, nachdem sich mein Körpergewicht vollständig auf den vorderen Fuß verlagert hat (7). Am Ende sorgt das Tempo des Schlages dafür, daß der Schläger vorn oben ausschwingt (8).

7

8

Sie den Ball nämlich früh nehmen – in der Nähe oder vor Ihrem vorderen Bein und nicht in Höhe Ihres hinteren Beines – können Sie auch mit Hüften und Knien in den Schlag »hineingehen«. Mein Körpergewicht ist relativ gering (etwa 65 kg), dennoch bin ich in der Lage, sehr harte Schläge ins Feld zu bringen. So lange ich nur mein Körpergewicht bei Grundschlägen entsprechend nach vorn verlagern kann (vor allem auf Vorhand), so lange vermag ich auch mit viel Druck zu schlagen.

Schlagen Sie mit fixiertem Handgelenk

Während der gesamten Aushol- und Schlagbewegung muß mein Handgelenk fixiert sein: Hand, Handgelenk, Unterarm und ausgestreckter Schläger bilden also eine Einheit. Nur diese Einheit bringt ein sicheres, »rundes« Durchziehen nach vorn gegen den Ball hervor.

Nur, wenn Sie mit fixiertem Handgelenk schlagen, können Sie den Ball solange wie möglich auf den Saiten führen – und nur so erhalten Sie vollständige Kontrolle über den Schlag. Stellen Sie sich also vor, Sie würden den Ball vom Treffpunkt aus auf dem Schläger behalten, bis das Racket in die Zielrichtung zeigt! Besonders in Tennis-Clubs kann man Spieler beobachten, die aus dem Handgelenk schlagen. Sowie ihr Schläger den Ball getroffen hat, kippen sie das Racket zur Seite und um den Körper herum. So bleibt der Ball nur ganz kurze Zeit auf der Bespannung – Kontrolle und Härte gehen verloren.

Falls Sie immer zu spät treffen: kürzer ausholen

In der Theorie sieht es ganz leicht aus: wer sein Racket rasch und auf direktem Wege zurücknimmt, hat die »halbe Miete« für einen guten Vorhand-Schlag.

Tatsächlich aber holen eine ganze Menge Spieler – inklusive der Weltklasse – recht kompliziert aus: sie nehmen den Schläger in einer hohen Schleife zurück. Auch meine Ausholbewegung sieht kreisförmig aus, wenn ich zum Topspin ansetze.

Nun hat man den meisten Spielern im Kindesalter diese schleifenartige Ausholbewegung beigebracht; sie ist ihnen in Fleisch und Blut übergegangen – und warum sollte man einen erfolgreichen Stil ändern? Dennoch kann es bei Ihnen natürlich sein, daß Sie den Ball einfach deswegen zu spät treffen, weil Ihre Ausholbewegung zu zeitraubend ist. In dem Fall sollten Sie es mit einem weniger komplizierten Zurücknehmen des Schlägers probieren. Holen Sie doch einmal in Hüfthöhe aus, meist hilft das entscheidend, um anschließend den Schlag in aller Ruhe zu beenden.

Ziehen Sie in Schlagrichtung durch

Bei einer korrekten Vorhand ist das Knie des vorderen Fußes während des gesamten Schlages gebeugt. Ich sehe oft Spieler, die beim Treffen das vordere Knie durchdrücken und dann auch noch auf den Hacken stehen. So schlagen nur die besagten »Bolzer«. Ziehen Sie dagegen vernünftig durch, folgt automatisch ein weiterer Schritt ins Feld hinein – eine völlig logische Sache, denn Sie haben ja Ihr

Körpergewicht in den Schlag gelegt und mit dem Racket so weit wie es ging in Schlagrichtung ausgeschwungen.

Viele Spieler wären überrascht, wie *mühelos* sie druckvolle Vorhand-Bälle schlagen könnten, wenn ihre Schlagbewegung in der eben beschriebenen Weise enden würde...

Trainieren Sie die Beinarbeit

Wer einen guten Ball schlagen will, muß seitlich zum Netz stehen. Doch während der »Antizipation« – beim Versuch also, möglichst frühzeitig zu erkennen, was Ihr Gegner mit dem Ball macht, den Sie gerade geschlagen haben – muß man sich halt frontal zum Netz postieren. Bei einem längeren Ballwechsel müssen Sie daher ständig von einer Platzecke in die andere laufen, und das erfordert eine solide Beinarbeit. Pflanzen Sie sich für den gegnerischen Schlag so auf, daß Sie den Ball über Ihre vordere Schulter beobachten. Laufen Sie im Anschluß an Ihren Schlag rasch in die Mitte des Platzes, Gesicht zum Netz, und beobachten Sie die nächsten Bewegungen Ihres Kontrahenten.

In Erwartung des Balles müssen Sie stets »auf dem Sprung« sein – stehen Sie mehr auf den Fußspitzen, sehen Sie zu, daß das Körpergewicht gleichmäßig auf beide Beine verteilt ist, und postieren Sie sich so, daß Sie im Notfall sehr schnell lossprinten können.

Laufen Sie jeweils mit kleinen Schritten auf den Ball zu. Sie können dann besser das Gleichgewicht halten und stehen beim Schlagen jedesmal eher auf dem richtigen Fuß.

Vermeiden Sie aber abrupte Starts und plötzliches Abstoppen auf dem Platz. Ein gelegentlicher Lob oder Stoppball des Gegners kann Sie sonst überraschen oder zwingen, aus dem Stand loszulaufen. Treten solche Anstrengungen häufig auf (Sie ermüden dadurch auf längere Sicht natürlich), kann das allerdings auch eine Folge Ihrer schlechten Beobachtung des Gegners und dessen Absichten sein.

Die Rolle der Beinarbeit habe ich immer sehr hoch eingeschätzt, vielleicht, weil ich als kleiner Junge sehr viel Fußball gespielt habe. Daher war ich beim Tennis automatisch sehr beweglich auf den Füßen.

Es ist eigentlich klar: je beweglicher Sie auf dem Tennisplatz sind, desto mehr Zeit haben Sie, sich auf gegnerische Bälle einzustellen, und desto eher sind Sie fähig, Ihre eigenen Schläge bei vollem Gleichgewicht auszuführen.

Variationen mit der Vorhand

Wenn Sie sich ein wenig länger mit Ihrer Vorhand beschäftigen – sich also zum Beispiel rechtzeitig auf den Schlag vorbereiten – und das Augenmerk mehr auf Kontrolle als auf Härte gerichtet ist, dann sind Sie auf dem Weg, hinter die Tricks einer soliden, geraden Vorhand zu kommen. Wenn Sie das erst einmal geschafft haben, dürfen Sie experimentieren. Schließlich machen Sie erst die in Tempo und Drall unterschiedlichen Schläge zu einem überdurchschnittlichen Vorhand-Spieler. Und irgendwann werden Sie in der Lage sein, Ihr Repertoire durch jenen Schlag zu vervollständigen, der die gefährlichste Waffe auf der Vorhand-Seite darstellt: den Topspin.

Aber lassen Sie mich zuvor all jene Varianten des Vorhand-Grundschlages erwähnen, die Sie im Match einsetzen können.

Cross- und Longline-Bälle

Der einfachste Return ist immer jener, den Sie in die gleiche Richtung zurückschlagen, aus der er gekommen ist. Serviert also Ihr Gegner einen nach außen gesetzten Ball ins rechte Aufschlagfeld, lautet die beste Antwort: Vorhand-Cross. Schlägt Ihr Widersacher in die Mitte des linken Aufschlagfeldes, heißt die einfachste Lösung für Sie: Vorhand in die Mitte der anderen Platzhälfte. Während längerer Ballwechsel empfiehlt sich ein Ball diagonal über das Netz, wenn Ihr Gegner cross geschlagen hat, bzw. ein Longline-Schlag, falls der andere den letzten Ball geradeaus plazierte.

Um diese eintönige Spielweise nun etwas variabler zu gestalten, können Sie zum Beispiel Ihr *Timing* ändern: schlagen Sie so, daß der Schläger den Ball einmal etwas früher, einmal etwas später erwischt. Je früher Sie treffen (indem Sie etwas schneller durchziehen), desto eher wird der Ball cross übers Netz fliegen. Je später Sie treffen (indem Sie vor der eigentlichen Schlagbewegung ein wenig zögern), desto größer wird die Wahrscheinlichkeit eines Longline-Balles.

Um ein Gefühl für diese winzigen Veränderungen des Timing zu erhalten, ist es *falsch*, irgendwelche technischen Experimente bei der Schlagausführung einzugehen. Überlegen Sie sich, während der gegnerische Ball auf Sie zukommt, *wohin* Sie den eigenen Ball setzen wollen, cross oder longline. Wenn Ihr Vorhand-Grundschlag nämlich sicher ist, wird sich das Timing des Schlages von selbst ändern, sobald Sie das Ziel Ihres Schlages schon vorher festlegen.

Sehr schnelle Bälle kurz abblocken

Es gibt gewisse Situationen beim gegnerischen Service, aber auch während längerer Ballwechsel, da bleibt einfach keine Zeit für eine ausreichende Vorbereitung des Vorhand-Grundschlages. Vielleicht stehen Sie gerade weit außerhalb des Feldes, vielleicht läßt gerade die Konzentration nach, vielleicht hat Ihr Gegner gerade einen sensationellen Ball geschlagen.

Es spielt keine Rolle, welches der Grund ist: in derartigen Fällen muß es Ihr einziges Bestreben sein, den Ball irgendwie über das Netz zurückzubringen. Vergessen Sie jede komplizierte Ausholbewegung, schlagen Sie den Ball eher wie einen Volley und *blocken Sie ihn einfach ab*, indem Sie die Schlägerfläche so schnell wie möglich gegen den Ball bekommen. Vergessen Sie in solchen Augenblicken die gesamte Vorhand-Technik! Sehen Sie zu, daß Sie den Ball im Spiel halten!

Ruhige Schläge bei sehr langsamen Bällen

Zu den schwierigsten Schlägen überhaupt gehört ein gegnerischer Ball, der hoch und langsam angeflogen kommt, aber weit hinten in Ihrem Feld aufprallt. Ich nenne so etwas »Bälle aus dem Nichts«, weil sie weder Tempo noch Drall enthalten, also nichts, was man für sich ausnutzen kann.

VORHAND-RETURN
GEGEN EINEN SCHNELLEN AUFSCHLAG

Wenn Ihnen ein sehr guter Aufschläger gegenübersteht, haben Sie meist keine Zeit, sehr weit auszuholen. Viele Spieler schlagen dann überhastet (und zerstören das Timing) oder treffen den Ball zu spät. In der obenstehenden Bildreihe existiert meine Ausholbewegung praktisch überhaupt nicht. Ich drehe mich blitzschnell zur Seite, um in eine günstige Position zu kommen (2), aber ich nehme mein Racket nur bis zur rechten Hüfte zurück (3). Daher kann ich den Ball trotzdem vor

dem Körper treffen (auf Foto 5 und 6 sieht man das) und den Ball um so schneller returnieren. Meine Knie sind gebeugt und weisen nach vorn – Voraussetzung für einen sauberen Schlag. Übrigens halte ich mein Racket nicht nur einfach in die Flugbahn des Balles: Ich schlage vielmehr druckvoll und ziehe wie bei einem normalen Vorhand-Grundschlag durch.

93

VORHAND NACH
EINEM HOCH ABSPRINGENDEN BALL

Viele Spieler haben große Schwierigkeiten mit hoch abspringenden Bällen, wie in dieser Sequenz. Der Ball kommt ja recht langsam angeflogen – entweder verliert man ihn aus den Augen oder man riskiert zu viel. Bemühen Sie sich, den Ball sauber zu treffen und führen Sie

ihn solange wie irgend möglich auf dem Racket in Schlagrichtung. Gewöhnlich muß man solche Bälle hinter der eigenen Grundlinie annehmen. Schlagen Sie also nicht zu aggressiv und halten Sie den Ball im Spiel.

Club-Spieler dreschen auf solche Bälle häufig ohne Überlegung ein, und auch ungeduldige Profis tun das öfter als nötig. Auf Club-Ebene ist der häufigste Fehler, derartige Bälle »töten« zu wollen. Der Ball landet dann meist im Netz oder am Zaun. Bei besseren Spielern besteht der häufigste Fehler darin, diese Bälle zu kurz zurückzuschlagen. Der Gegner erhält dann die Chance, nach vorn zu laufen und den nächsten Schlag unerreichbar zu plazieren.

Die Grundregel muß daher lauten: Versuchen Sie auf keinen Fall, jetzt einen Angriffsschlag anzubringen, auch wenn dieser lange und langsame Ball dazu verleiten mag, aggressiv zu spielen. Alles, was Sie tun müssen, ist sauber durchzuziehen, den Ball im Spiel zu halten und ihn möglichst lang zur anderen Grundlinie zu befördern.

Schlagen Sie in aller Ruhe und mit Bedacht, führen Sie den Ball besonders konzentriert – nur dann erzielen Sie die gewünschte Länge.

Solche Bälle bergen nämlich nur ein psychologisches Problem: Wenn Sie Ihren Drang, auf den Ball »einzuprügeln«, gebremst haben, wird Ihnen der Schlag kinderleicht vorkommen.

Slice-Vorhand, um das Tempo zu wechseln

Diesen Schlag setze ich selten ein, es sei denn, um noch mehr zu variieren oder als Überraschungseffekt. Beim Slice muß der Schlägerkopf ganz leicht unter den Ball kommen – während des Treffens »streicheln« die Saiten den Ball ein wenig. Bei korrekter Ausführung besitzt so ein Ball nur geringes Tempo und springt nach dem Aufprall kaum vom Boden ab. Man kann einen unaufmerksamen Gegner damit womöglich zu Fehlern zwingen – generell wird der Slice übrigens als Longline-Schlag angewendet. Auch als kurz gesetzter Ball, als eine Art Stoppball, benutzt man den Slice. Passen Sie aber auf, daß Sie nicht allzusehr aus dem Handgelenk schlagen.

Stoppbälle als Überraschung im Einzel

Jeder durchschnittliche Spieler sollte den Stoppball schlagen können, wahlweise mit Vor- oder Rückhand. Der Stop ist wesentlich leichter zu lernen als der Topspin und sichert Ihnen, richtig eingesetzt, auf der Stelle den Punkt – ganz zu schweigen von gewissen Nebeneffekten.

Spielen Sie aber niemals einen Stoppball, wenn Sie hinter der eigenen Grundlinie stehen – der Gegner hat reichlich Zeit, den Ball zu erlaufen. Der richtige Moment kommt immer dann, wenn der Gegenspieler auf oder hinter seiner Grundlinie postiert ist und zuvor einen ziemlich kurzen Ball geschlagen hat. In diesem Fall befinden Sie sich selbst ja in der Nähe des Netzes. In solchen Match-Situationen muß Ihr Kontrahent damit rechnen, daß Sie es mit einem langen Angriffsschlag versuchen.

Der Stop ist ein Schlag fürs Einzel. Im Doppel würden Sie wohl kaum einen Schlag versuchen, der einen der beiden Gegner einlädt, in Stellung zu laufen und damit den Netzbereich zu kontrollieren.

Grundsätzlich ist der Stop ein »abgebrochener« Schlag. Im Moment des Treffens muß die Schlägerfläche geöffnet sein. Nur dann rutscht der Ball über die Saiten, nur dann nehmen Sie dem gegnerischen Schlag das Tempo. Nach dem Treffen sollten Sie nur wenig mit dem Racket ausschwingen. Unmittelbar nach dem Schlag aber müssen Sie unbedingt ein paar Schritte nach vorn laufen, um gegen einen eventuellen Stoppball von der anderen Seite gewappnet zu sein.

Ein Tip, um den Stop mit maximalem Überraschungseffekt anzubringen: Schlagen Sie den Ball »im Steigen«, das heißt, bevor er nach dem Aufprall seinen höchsten Punkt erreicht hat.

Die Topspin-Vorhand

Wenn Sie erst einmal eine gute Topspin-Vorhand besitzen, werden Ihre Gegner (es sei denn, die haben keine Augen im Kopf) Ihnen voraussichtlich wenig Chancen geben, den Schlag einzusetzen. Darum müssen Sie einfach an einer Reihe anderer Grundschläge feilen, bevor Ihnen der Topspin überhaupt etwas nützt. Das ist eben auch ein Grund dafür, weshalb es blödsinnig ist, auf Kosten aller anderen Schläge einen einzigen »Super-Schlag« zu trainieren. Sie müssen vielmehr in der Lage sein, gleichmäßig Attacken von jedem beliebigen Punkt des Platzes zu starten, um schließlich mit irgendeinem besonders starken Schlag den Punkt zu machen.

Das Geheimnis, dem Ball Topspin mit auf den Weg zu geben, liegt darin, die normalen Bewegungen von Handgelenk, Unterarm und Racket während der Treffphase zu verändern. Bei der geraden Vorhand bilden Oberarm, Unterarm und Handgelenk eine ununterbrochene Linie und weisen während des Treffens und beim Durchziehen in Schlagrichtung. Bei der Topspin-Vorhand werden Handgelenk, Unterarm und Schlägerkopf im Moment des Treffens *über den Ball gekippt.*

Es gibt jedoch noch viel zu viele Spieler, die einen Topspin allein aus dem Hangelenk schlagen. Eine solche Bewegung wird ruckartig in letzter Sekunde ausgeführt und belastet unnötigerweise Ellbogen und Schulter erheblich. Dabei ist es absolut notwendig, den Ball mit festem Handgelenk zu treffen, sonst fliegt die Filzkugel sonstwohin.

Das Tempo meiner Topspin-Vorhand dagegen resultiert aus zwei anderen Details: Ich schlage nicht aus dem Handgelenk, sondern hole ein kleines Stück weiter aus und drehe meine vordere Schulter kurz vor dem Treffen des Balles in Schlagrichtung. Durch die weitere, bewußt schleifenförmige Ausholbewegung habe ich mehr Zeit, meine Schlägerspitze gegen den Ball zu beschleunigen. Und das frühzeitige Öffnen der Schultern erlaubt mir, diese zusätzliche Geschwindigkeit auch im richtigen Moment einzusetzen. So kann ich jene Einheit von Arm, Handgelenk und Schläger unmittelbar nach dem Treffen des Balles hochreißen. Das zusätzliche Tempo ist notwendig, um dem Ball ausreichend Topspin-Drall zu geben und um im Vergleich zu sonstigen Vorhand-Schlägen einen völlig anderen Schlag anzubringen.

Wann man nie Topspin spielt

Infolge der besonderen Anforderungen an den Spieler bei der Ausführung dieses Schlages gibt es aber gewisse Momente, in denen ein Topspin unangebracht ist.

Wenn Sie etwa auf einem sehr schnellen Platz antreten müssen (Gras, Zement oder gewisse Hallen-

GERADE VORHAND

Der Blick von vorn offenbart erhebliche Unterschiede zwischen der geraden und der Topspin-Vorhand. Im Gegensatz zur geraden Vorhand senkt man den Schläger beim Topspin viel tiefer unter den Ball

TOPSPIN-VORHAND

3   4

(2). In der unteren Bildreihe können Sie auch erkennen, daß ich meine Schultern etwas früher zum Netz drehe, um mit der Schlägerspitze ein wenig mehr beschleunigen zu können. Das ist nötig, um den Ball mit extremem Vorwärtsdrall zu schlagen. Auch das plötzliche, senkrechte Hochreißen des Schlägers ist für den Topspin charakteristisch – bei der geraden Vorhand zieht man mehr in Schlagrichtung durch (3).

3   4

2

TOPSPIN-VORHAND AUF EINEN BLICK

Stichworte zur Topspin-Vorhand: Der Schlägerkopf wird von unten nach oben gegen den Ball geführt. Vergleichen Sie einmal den ausführlichen Bogen, den das Racket beschreibt (Foto 3) mit dem vierten Foto bei der geraden Vorhand auf Seite 85. Die von unten nach oben verlaufende Bewegung des Schlägerkopfes innerhalb der Treffstrecke verleiht dem Ball Topspin.

Die vordere Schulter weist zum Netz, denn mit der Drehung des Oberkörpers wird gleichzeitig das Racket nach vorn gerissen. Das ergibt

5   6

zusätzliches Tempo und damit ein verhältnismäßig hohes Maß an Vorwärtsdrall. In Foto 7 sehen Sie, daß die vordere Schulter extrem nach vorn gedreht wird und daß der Oberkörper praktisch frontal zum Netz weist.

Im Moment des Treffens kippen Arm und Handgelenk ruckartig vorwärts-aufwärts über den Ball. Beide bleiben jedoch fest und gestreckt, bis sie hoch über Schulterhöhe im typischen Topspin-Ausschwung enden.

9

10

Courts), werden Sie oft nicht genug Zeit haben, um
für einen Topspin sauber auszuholen.

Auch arbeitet die Zeit natürlich gegen Sie, wenn Sie
es zum Beispiel mit einem überdurchschnittlich guten Aufschläger zu tun haben. In diesem Fall werden
Sie wegen der Härte und der »Streuung« der gegnerischen Aufschläge wohl kaum die Ruhe finden, die
für einen passablen Topspin-Return erforderlich ist.
Dann müssen Sie sich zunächst darauf konzentrieren, den Ball sicher im Feld zu halten. Vielleicht können Sie im weiteren Verlauf des Ballwechsels noch
einen Topspin probieren.

Überhaupt: schlagen Sie keinen Topspin gegen einen extrem hoch abspringenden Ball! Ihr Unterarm
befindet sich zu weit oben, als daß Sie das erforder-
liche Kippen nach dem Treffen versuchen sollten.
Auch hier gilt: Halten Sie den Ball zunächst, ganz
auf Sicherheit bedacht, im Spiel!

Der Topspin als Halbflugball

Wie bei einem normalen Schlag ist der Topspin
auch als Halbflugball denkbar – allerdings müssen

auch hier Unterarm, Handgelenk und Schläger besagte Einheit bilden, müssen Sie auch hier »über« den Ball kommen, also mit Arm, Handgelenk und Schläger eine Art Kippbewegung vollführen. Wie bei jedem anderen Halbflugball auch müssen Sie tief in die Knie gehen, damit sich der Schlägerkopf unter dem abspringenden Ball befindet. Vermeiden Sie auch komplizierte Schläge in die Ecken des gegnerischen Feldes. Zielen Sie mehr in Richtung auf die Position Ihres Gegners.

Sie haben hier schließlich die große Chance, aus einer defensiven Lage in eine offensive Stellung zu kommen! Normalerweise sind Sie bei einem Halbflugball ja froh, wenn Sie den Ball so flach wie möglich zurückspielen, damit Ihr Gegner nicht sofort mit einem tödlichen Passierschlag antwortet. Schlagen Sie den Halb-Volley allerdings mit Topspin, und läuft Ihr Widersacher wie gewohnt dem Ball entgegen, ist er aufgrund des verwirrenden Dralles womöglich aus dem Konzept gebracht: Versucht er jetzt seinerseits einen Flugball, dürfte er einige Schwierigkeiten bekommen.

Extremer Topspin gegen Angreifer

Einer meiner Lieblingsschläge gegen ständig angreifende Spieler ist folgender: Ich antworte mit extremem Topspin auf jeden langsamen, kurzen Ball, den der andere mir zuspielt, und ziele gleichzeitig direkt auf seinen Körper. Solch eine Gelegenheit kommt für gewöhnlich, wenn dem anderen der erste Flugball mißlungen ist. Weil mein Return dann direkt auf ihn gerichtet ist, kommt meist ein recht armseliger Volley zurück. Diesen harmlosen »Abpraller« kann ich dann häufig mit einem eigenen, plazierten Volley in einen Punkt ummünzen.

Topspin-Schläge zur Seite

Ich schlage auch gern Topspin-Vorhandbälle, die kurz und cross das Netz überqueren und dann ganz außen in einem der beiden gegnerischen Aufschlagfelder landen. Natürlich ist so ein Schlag recht schwierig, aber wenn er gelingt, treibt er den Gegner sehr weit aus dem Feld heraus. Allerdings müssen Sie so einen Ball meist auf der eigenen Grundlinie schlagen und aufpassen, daß er hinter dem Netz nicht mehr als einen Meter von der Seitenlinie entfernt aufprallt. Dann kommen die Bälle nämlich in einem Teil des Feldes an, der nur sehr selten »benutzt« wird. Ihr Kontrahent wird sich ganz schön strecken müssen, zumal der Topspin-Effekt seine Aufgabe noch komplizierter macht.

Ein paar Gedanken über Ihre Vorhand

Lassen Sie uns ein paar taktische Überlegungen anstellen, die sich auf den Einsatz Ihrer Vorhand beziehen: beim Aufschlag-Return, beim Grundlinien-Spiel trotz eigenem Aufschlag und bei längeren Grundlinien-Duellen.

Aufschlag-Return

Denken Sie zunächst einmal daran, daß beim Aufschlag-Return viele Variablen eine Rolle spielen. Wie Sie sich selbst und Ihr Racket bewegen müssen, hängt davon ab, wo der Ball in Ihrem Feld aufprallt, welches Tempo er entwickelt, wie stark und wie der

Ball angeschnitten ist und wie er vom Boden abspringt. Entscheidend ist auch Ihre eigene Position auf dem Platz, Ihre Fähigkeit zur Antizipation sowie Ihre individuelle Beweglichkeit.

Unter all diesen Voraussetzungen gibt es kein allgemeingültiges Erfolgsrezept. Aber es existieren einige wichtige Grundregeln, an die Sie immer denken sollten. So sollten Sie sich von vornherein darüber im klaren sein, daß Sie nur selten die Chance haben, Ihre beste Vorhand bei jedem Return einzusetzen. Sollte Ihnen das doch ständig gelingen, spielen Sie entweder gegen einen Dummkopf oder gegen einen Anfänger.

Schlägt Ihr Gegner also auf Ihre Vorhand auf (auf Ihre starke Seite also), wird das Service wahrscheinlich irgend etwas Heimtückisches an sich haben. Sie müssen somit in der Lage sein, Ihren normalen Vorhand-Schlag zu variieren, je nachdem, wie und wohin der Ball serviert wurde.

Kommt der Aufschlag sehr flach und hart, sollten Sie kurz ausholen und den Ball nur abblocken – ähnlich wie bei einem Volley.

Kommt ein hoher, angeschnittener Ball auf Ihre Vorhand (das passiert oft, wenn ein Linkshänder gegen einen Rechtshänder aufschlägt), müssen Sie sehr überlegt handeln: Schicken Sie den Ball eher weich zurück, ziehen Sie ja nicht mit voller Kraft durch.

Kommt der Aufschlag lang und direkt auf Ihren Körper zu, muß man meist improvisieren. Versuchen Sie, das Racket überhaupt an den Ball und diesen irgendwie über das Netz zu bekommen.

Kommt ein Slice-Aufschlag stark seitlich versetzt auf Ihre Vorhand, müssen Sie sich meist strecken, um den Ball übers Netz »zurückzuschaufeln«.

All diese Situationen haben etwas gemeinsam: Versuchen Sie in keinem Fall, mit dem Return direkt den Punkt zu machen! Sehen Sie zu, daß der Ball überhaupt im Spiel bleibt! Aggressive Returns auf starke erste Aufschläge sind Selbstmord. Ihnen bleibt ja keine Zeit, vernünftig auszuholen – falls Sie es dennoch versuchen, und viele Fehler machen, wird nur Ihr Selbstvertrauen in die Vorhand allmählich erschüttert. Egal, wie gut Ihre Vorhand auch immer sein mag, es ist bei weitem sinnvoller, defensive Returns zu schlagen und Ihren »Paradeschlag« beim nächsten Mal einzusetzen.

Innerhalb der Grenzen, die Ihnen durch die Qualität der gegnerischen Aufschläge gesetzt werden, sollten Sie aber stets die wirkungsvollsten taktischen Kniffe im Auge behalten und diese auch einsetzen, sobald Sie eine Chance wittern.

Wenn Sie gegen einen konsequenten Angriffsspieler returnieren, ist von der rechten Seite ein Vorhand-Cross die beste Waffe. In der Mitte ist das Netz bekanntlich am niedrigsten, Sie können den Ball also relativ flach halten.

Bleibt Ihr Gegner lieber an der Grundlinie, geht es nicht darum, in eine bestimmte Ecke zu schlagen. Versuchen Sie *lang* zu returnieren! Sie hindern den Gegner so daran, nach vorn zu laufen und es mit einem Angriffsschlag zu versuchen. Unwichtig ist, ob Sie cross, longline oder in die Mitte spielen, solange Ihr Ball nur ein oder zwei Meter an die Grundlinie herankommt.

Kommt der Aufschlag im linken Aufschlagfeld auf Ihre Vorhand, ist ein Return durch die Mitte (wie gesagt: niedrige Netzhöhe) der sicherste Ball. Halten Sie gegen einen Angriffsspieler den Ball möglichst flach, um den Gegner zu einem tiefen Volley oder Halbflugball zu zwingen. Bleibt der Gegner hinten, gilt wieder die Faustregel »langer Return«.

Ich umlaufe nur selten meine Rückhand beim Return. Allerdings habe ich auch genügend Vertrauen in meine Rückhand, um den Ball im Spiel zu halten. Das Umlaufen der Rückhand empfiehlt sich dann aber häufig beim *nächsten* Schlag: ich konzentriere mich zunächst auf einen sicheren, flachen Rückhand-Return. Klappt das, und spielt mein Kontrahent zum Beispiel einen schwachen Volley, habe ich Gelegenheit zu einem Vorhand-Topspin. Treffe ich allerdings auf einen Gegner, der ständig auf meine Rückhand serviert und angreift, umlaufe ich beim dritten- oder viertenmal die Rückhand und versuche einen Vorhand-Passierschlag die Linie entlang.

Nach dem eigenen Aufschlag hinten bleiben

Viele Spieler gehen ständig ans Netz. Doch solange Sie nicht sicher sind, daß Ihr Aufschlag dem Gegner Schwierigkeiten macht, sollten Sie nicht eingreifen. Wenn Sie aber zum Netz vorrücken, dann bitte nicht in der Absicht, hier ein lockeres Spielchen auszutragen. Vorn am Netz gilt nur eins: aggressiv sein und den Ballwechsel so schnell wie möglich beenden. Wenn Sie das nicht von Anfang an beherrschen, bleiben Sie besser hinten, bis Sie den Gegner mit Grundschlägen in Verlegenheit gebracht haben.
Serviere ich auf die Rückhand meines Gegenübers, wird er im allgemeinen auf meine Rückhand-Seite returnieren. Daraufhin schlage ich erneut auf seine Rückhand und achte darauf, ob sein Ball eventuell schwächer zurückkommt: Ich warte bei diesem zweiten Schlag also auf die Gelegenheit zum Angriff. Fällt der gegnerische Ball tatsächlich zu kurz aus, umlaufe ich meine Rückhand und attackiere seine Rückhand-Seite mit einem Vorhand-Topspin.

Grundlinien-Duelle

Bei längeren Grundlinien-Duellen müssen Sie Ihren Gegner entweder aus dem Rhythmus bringen oder unter Druck setzen. Dabei sollten Sie keine Schläge riskieren, die zu nahe an die Linien herankommen. Gelingt es Ihnen aber, den Gegenspieler in Bewegung zu halten, so daß er sich ständig nach den Bällen strecken muß, oder erwischen Sie ihn auf dem falschen Fuß, sind Sie auf der Siegerstraße.

Auf langsamen Aschenplätzen können Sie ein ganzes Match spielen, ohne nicht mehr als dreimal ans Netz zu laufen. In solchen Begegnungen müssen Sie versuchen, den anderen auszuspielen, indem Sie Ihre Grundschläge nach Tempo und Richtung variieren. Sie müssen dabei sicherer spielen als Ihr Kontrahent, ihn zu Fehlern zwingen oder gleich zu Beginn des Ballwechsels so listige Schläge ansetzen, daß Sie anschließend mit entschlossenen »Schüssen« den Punkt erzielen.

Es gibt eine Reihe von Möglichkeiten, Grundlinien-Duelle für sich zu entscheiden. Natürlich beruhen diese auf den speziellen Stärken und Schwächen der beiden Spieler.

Man kann zum Beispiel ständig in die gleiche Ecke schlagen. Das zwingt den Gegner, immer in diese eine Ecke zu laufen, zu schlagen und wieder in die Mitte zurückzulaufen. Beim dritten- oder viertenmal wird es ihm dann vielleicht nicht gelingen, schnell genug zur Mitte zurückzukommen, und Sie können ihn mit einem kurzen Ball ausspielen oder sonstwie zu einem Fehler verleiten.

Gegen einen Kontrahenten mit starken Passierschlägen sollte man den Ball konsequent lang durch die Mitte spielen. Das reduziert erheblich den Winkel und der Gegner vermag Sie nicht mehr so leicht zu passieren. Versucht er es dennoch, ist die Chance groß, daß er verschlägt. Dies ist übrigens auch eine sehr wirkungsvolle Taktik gegen beidhändig schlagende Gegner.

Um den Gegner zum Laufen zu bringen, und damit zu ermüden, sollte man »links—rechts« spielen. Besitzt der andere jedoch gute Passierschläge, kann diese Methode falsch sein: Beim Schlagen aus der Ecke heraus hat der andere eine Menge Platz, an Ihnen vorbeizuspielen.

Wechseln Sie auch einmal die Taktik, um den gegnerischen Schlagrhythmus zu stören. Schlagen Sie mehrere lange Bälle, dann einen kurzen Cross oder einen Stoppball zur anderen Seite. Damit holen Sie Ihren Gegner aus seiner Grundlinien-Position heraus. Versuchen Sie mit jedem Schlag etwas anderes! Schlagen Sie einen mit Topspin, den nächsten ohne Topspin, aber hart und flach. Dann könnte ein langer, langsamer Ball folgen, anschließend wieder ein härterer.

Und denken Sie daran: Bei Grundlinien-Duellen muß Ihr Ball nicht das Netz berühren. Immer, wenn Sie lange Bälle schlagen, darf Ihr Ball getrost ein bis zwei Meter über das Netz segeln, ohne daß der andere daraus einen Vorteil erhält.

Doppel

Im Doppel werden Sie nicht allzuviele Vorhand-Bälle schlagen können, denn selbst auf Vereinsebene greifen die meisten Spieler mit dem Service an. In der Tat sind ausgesprochene Doppel-Spezialisten auf der Vorhand meist schwächer. Der am häufigsten verwendete Return im Doppel ist bekanntlich der Rückhand-Slice. Doch wie auch immer – die

TOPSPIN-RETURN
IM DOPPEL

Diese Bildreihe illustriert einen meiner Lieblings-schläge im Doppel. Wenn ich auf der Rückhand-Seite returniere – dort stehe ich im Doppel be-sonders gern – postiere ich mich bei schwachen Aufschlägen (vor allem beim zweiten Service) so, daß ich eine scharfe Topspin-Vorhand cross über das Netz schlagen kann. Diesem Return fol-ge ich unmittelbar ans Netz, um in eine günstige Position für einen sicheren Vorhand-Flugball zu kommen – falls mein Gegenüber den Ball über-haupt zurückspielen kann. Auf Foto 1 sehen Sie, daß ich schon in Erwartung eines zweiten Auf-schlags ein bißchen im Feld stehe. Auf Foto 2 habe ich den Ball bereits mit den Augen erfaßt und laufe ein Stück seitlich hinaus, damit ich mit der Vorhand schlagen kann. Auf Foto 5 ist der Schlag beendet. Ich bin bereit, zum Netz loszu-starten, um meine Platzhälfte mit einem Vor-hand-Volley zu verteidigen.

Vorhand sollte eine kleine, aber bedeutsame Rolle für Ihr Doppel spielen.

Es kommen beim Return ja auch Gelegenheiten, mit der Vorhand den gegnerischen Aufschlag abzublokken oder zurückzuschlagen. Auch wenn das meist defensive Schläge sind, bleibt der Ball doch im Spiel, und das setzt das gegnerische Team unter Druck, wenn auch nur ein wenig.

Auf den zweiten Aufschlag aber sollten Sie angreifen, bevorzugt mit der Vorhand, denn jetzt wird die Reihe möglicher Returns ja weitaus größer. Ich spiele im Doppel gern auf der Rückhand-Seite, denn da kann ich meine Vorhand sehr aggressiv einsetzen. Bei zweiten Aufschlägen kann ich meine Rückhand umlaufen, einen Crossball schlagen, dann selbst nach vorn laufen und eventuell mit einem Vorhand-Volley den Punkt machen. Falls der gegnerische Aufschläger Rechtshänder ist, spiele ich einen Topspin-Return auf seine Rückhand – für ihn ein schwieriger Flugball.

Arthur Ashe

Der Weg
zur perfekten
Rückhand

Meine Rückhand und Ihre

Es gibt nicht *den* richtigen Weg, Tennis zu spielen. Meister wie Björn Borg, Jimmy Connors oder Guillermo Vilas gehen völlig unterschiedliche technische Wege. Keiner von Ihnen spielt nach dem Lehrbuch, trotzdem sind alle drei herausragende Spielerpersönlichkeiten. Ihre einzigartige Begabung findet natürlichen Ausdruck in ihrem persönlichen Stil, der zu ihnen gehört wie ihre Fingerabdrücke.

Ich erwähne das zu Beginn, weil meine Anmerkungen und Ratschläge zur Rückhand auf keinen Fall Ihre persönliche Entwicklung als Tennisspieler einengen sollen. Auch wenn man für jede Art von Tips empfänglich sein sollte, muß doch jeder Spieler selbst wissen, welche Tips er beherzigt. Und das ist natürlich immer abhängig von der individuellen tennissportlichen Entwicklung – egal, ob Sie Anfänger, Fortgeschrittener oder sehr guter Spieler sind.

Dennoch kann sich niemand im Tennis verbessern (die Spielstärke ist jetzt gleichgültig), der nicht imstande ist, eine sichere, saubere Rückhand zu schlagen.

Die meisten Spieler greifen den Gegner auf der Rückhand-Seite an, und wenn Sie beim Aufschlag-Return oder bei längeren Ballwechseln auf dieser Seite keine Antwort parat haben, sind Sie verloren.

Ich vergleiche die Rückhand vieler Spieler immer mit einem unliebsamen Verwandten – so eine Art armer Neffe vom Land, den man seinem Bekanntenkreis nur vorzeigen mag, wenn es gar nicht mehr anders geht. Dabei hätten die meisten Spieler durchaus die Möglichkeit, Ihre Rückhand zu verbessern – sie versuchen es nur gar nicht erst. Doch bis Sie entsprechende Anstrengungen nicht unternehmen – also die ganz bewußte Umstellung einer verkorksten Schlagtechnik –, erreichen Sie auch nicht die maximalen spielerischen Fähigkeiten.

Natürlich kostet das Erlernen oder Umstellen der Rückhand-Technik einige Mühe. Als Anfänger müssen Sie sich damit abfinden, daß es auf dem Platz zunächst nur sehr langsam vorangeht, ehe Sie eine halbwegs vernünftige Rückhand zustande bringen. Griffhaltung, Beinarbeit, Aushol- und Schlagbewegung – all das erscheint zu Beginn hoffnungslos kompliziert, ehe es nach und nach ganz natürlich für Sie wird. Aber wenn Sie allmählich das Gefühl überwunden haben, daß alles viel zu schematisch abläuft, werden Sie die wirklichen Fortschritte spüren. Wesentlich größer erscheint mir die Herausforderung, falls Sie ein Fortgeschrittener mit falscher Rückhand-Technik sind. Sie müssen dann einige schlechte Angewohnheiten ablegen und gewisse Details neu erlernen. Während dieses Umstellungsprozesses (meist einige Monate) würde ich an Ihrer Stelle überhaupt keine Wettkämpfe bestreiten. Eine schlechte Rückhand unterscheidet sich von einer guten meist darin, daß der Ball über das Netz »gestoßen« wird – der Spieler schwingt nicht sauber aus. Versuchen Sie, so weit wie möglich auszuholen, so weit wie möglich nach vorn durchzuziehen und den Ball mit gestrecktem Arm vor dem vorderen Fuß zu treffen. Dabei gewöhnen Sie sich allmählich eine recht harte, gerade (oder leicht unterschnittene) Rückhand an, obwohl Sie anfangs eine Reihe von Bällen sonstwohin befördern dürften – schließlich probieren Sie ja eine völlig andere Bewegung aus. Darum ist es auch notwendig, Match-Situationen zu vermeiden, solange Sie an Ihrer Rückhand herumfeilen. Kommen Sie nämlich während des Spiels um Punkte unter Druck, werden Sie automa-

TREFFEN SIE DIE RÜCKHAND WEIT VOR DEM KÖRPER

tisch wieder Ihre alte, falsch geschlagene Rückhand einsetzen.

Es ist an der Zeit anzumerken, daß Vor- und Rückhand zwei völlig unterschiedliche Schläge sind. Ich glaube, daß eine Menge Spieler ganz einfach deshalb Probleme mit der Rückhand haben, weil sie sie ebenso zu schlagen versuchen wie die Vorhand.

Der entscheidende Unterschied liegt in der Griffhaltung, und das trifft auch dann zu, wenn Sie zufällig für alle Grundschläge den gleichen Griff benutzen – was für alle Spieler der Fall ist, die das Racket mit dem sogenannten »Continental-Griff« packen.

Überlegen Sie sich einmal, daß sich bei der Rückhand am optimalen Treffpunkt (und damit hinter dem gesamten Schlag) lediglich Ihr Daumen und ein kleiner Teil der Hand hinter dem Schlägergriff befinden. Am optimalen Treffpunkt einer Vorhand dagegen liegen die gesamte Hand sowie der Unterarm hinter dem Schläger. Mit der Vorhand können Sie darum selbst dann einen leidlich guten Schlag anbringen, wenn Sie den Ball nur halbwegs sauber

Im Gegensatz zur Vorhand liegt der optimale Treffpunkt einer Rückhand weiter vor dem Körper. Um auf der Vorhand-Seite einen Ball noch sauber zu erwischen, kann der Treffpunkt getrost in Höhe der Körpermitte liegen, so wie ich das hier zeige. Was passiert, wenn ich den Schläger in die entsprechende Position auf der Rückhand-Seite führe? Die Schlägerfläche ist noch geöffnet – würde ich jetzt den Ball schlagen, landete er seitlich außerhalb des Spielfeldes.
Meine Rückhand muß also ein Stück weiter vorn treffen, damit sich der Schläger parallel zum Netz befindet und ich am Treffpunkt meine Schlägerfläche senkrecht halten kann. Und das wiederum klappt nur vor meinem vorderen Fuß. Am Treffpunkt muß weiterhin der Arm gestreckt und das Handgelenk fixiert sein. Sicher, es ist besser, eine Vorhand vor dem Körper zu erwischen, doch der Schlag gelingt auch dann noch, wenn Sie etwas später schlagen. Auf der Rückhand-Seite dagegen ist es physisch unmöglich, den Ball mit senkrecht gestellter Schlägerfläche zu schlagen, wenn sich das Ganze nicht vor dem Körper abspielt.

erwischt haben. Treffen Sie dagegen einen Rückhand-Schlag nicht exakt, geht die Sache in jedem
Fall schief.

Als Folge dieses schwächeren Griffes, der der Rückhand eigen ist, muß sich jeder Spieler auf das richtige *Timing* besinnen — nicht auf die Kraft —, um die
Rückhand zu verbessern. Viele Spieler meinen, daß
sie mit aller Kraft auf den Ball einschlagen müssen.
Dabei überschätzen sie die eigenen technischen Fähigkeiten. Noch einmal: Wenn Sie den Schläger zurücknehmen, um den Ball zu treffen, liegt lediglich
der Daumen und ein Teil der Hand hinter dem
Schlag. Bei derartigen Hebelverhältnissen reicht
Muskelkraft allein nicht aus. Wenn Sie dennoch den
Versuch machen, schlagen Sie garantiert aus dem
Handgelenk oder winkeln den Arm beim Schlag an
— der ganze Schwung der Ausholbewegung ist ver-
geudet. Richtig ist es vielmehr, das *Tempo des
Schlägers* auf den Ball zu übertragen und nicht die
Armkraft — das aber erfordert eine gut abgestimmte,
flüssige Schlagbewegung.

Der zweite grundlegende Unterschied zwischen
Vor- und Rückhand liegt im Abstand des zu treffen-
den Balles vom Körper. Allgemein müssen Sie den
Ball bei der Rückhand *weiter vorn* vor dem vorderen
Fuß treffen (rechter Fuß für Rechtshänder) als bei
einer Vorhand, um genug Platz für einen effektiven
Schlag zu haben.

Versuchen Sie einmal folgendes Experiment:

Postieren Sie sich seitlich zum Netz, als wollten Sie
eine Vorhand schlagen. Holen Sie aus und stoppen
Sie mit dem Racket vor sich ab, wenn sich beim
Zuschlagen der Schlägerkopf vor Ihrem Bauchnabel

befindet. Hier, oder ein Stückchen vor diesem Punkt, wird Ihr Schläger parallel zum Netz stehen, die Schlägerfläche zeigt in Schlagrichtung.

Jetzt probieren Sie das gleiche auf der Rückhand-Seite. Holen Sie normal aus, halten Sie die Schlagbewegung wieder auf Höhe des Bauchnabels an. Wohin zeigt das Racket? Es zeigt auf die *linke* Seite des Platzes, auf einen Punkt außerhalb des Feldes. Wenn Sie also eine Rückhand an dieser Stelle treffen würden, auf Höhe Ihres Bauches, würden Sie den Ball gegen den Seitenzaun feuern. Denn der Schläger steht nicht parallel zum Netz, die Schlägerfläche weist nicht in die gewünschte Richtung. Das klappt erst dann, wenn Sie das Racket weiter nach vorn führen – vor den vorderen Fuß.

Was sollte Ihnen diese Übung beweisen? Wenn Sie eine gerade, saubere Rückhand schlagen wollen, also dort, wo die Schlägerfläche in Zielrichtung weist, müssen Sie den Ball deutlich *vor* dem vordern Fuß erwischen. Eine Vorhand kann man später treffen und dennoch vernünftige Resultate erzielen. Wenn Sie den Ball auf der Rückhand-Seite aber hinter dem vorderen Fuß treffen, ist es fast unmöglich, einen korrekten, harten Schlag anzubringen.

Als ich ein kleiner Junge war, halfen mir vor allem zwei Dinge, eine starke Rückhand zu lernen und die Besonderheiten einer Rückhand zu erkennen.

Mein erster richtiger Trainer, Dr. Robert Johnson aus Lynchburg (Virginia), ermutigte mich von Anfang an, mehr an der Rückhand als an der Vorhand zu arbeiten. Dr. Johnson begründete das damit, daß alle Spieler automatisch mehr auf die gegnerische Rückhand schlagen – egal, ob die nun gut oder schlecht funktioniert. Spieler mit einer überdurchschnittlichen Rückhand-Technik seien da eben von vornherein im Vorteil. Selbst heute noch bewahrheitet sich diese Theorie! Die meisten meiner Kontrahenten schlagen stur in meine Rückhand-Ecke, obwohl sie wissen, daß ich von dort mit einem guten Dutzend Schlagvarianten antworten kann.

Als zweites war eigentlich mein schmächtiger Körperbau für meine starke Rückhand verantwortlich. Als Schuljunge war ich sehr klein und dünn, allzuviel an physischer Stärke brachte ich also nicht gerade mit auf den Platz. Doch diesen Mangel versuchte ich mit einem besonders guten Timing auszugleichen. Ich schaffte es schließlich, das Racket bei der Rückhand-Ausholbewegung quasi um den Körper herumzuwickeln und es dann dem Ball entgegenzuschleudern. Die daraus resultierende Beschleunigung mit der Schlägerspitze gab dem Ball ein enormes Tempo mit auf den Weg. Dieses perfekte Ausholen und Zuschlagen ist das Geheimnis meiner heutigen aggressiven Rückhand.

Das richtige Timing für den Schlag bekam ich, weil ich früher ständig auf langsamen Aschenplätzen spielte. Wir spielten immer von Grundlinie zu Grundlinie, trainierten Grundschläge – so wie es fast alle europäischen Spieler tun. Die langsame Oberfläche erlaubte eine Menge Zeit zur Schlagvorbereitung, was vor allem meiner doch recht langen Ausholbewegung zur Rückhand entgegenkam. Als ich später auf Turnierreisen ging, spielte ich dann natürlich auf allen möglichen Bodenbelägen, auch auf extrem schnellen Plätzen, wo man kaum Zeit zum Ausholen hat. Aber zu dieser Zeit hatte ich die Rückhand bereits »drauf«; besonders das Timing stimmte. Auf schnelleren Plätzen mußte ich lediglich etwas früher ausholen – solange das Racket rechtzeitig genug hinter dem Körper war, konnte ich den Ball weit genug vorn treffen und jeden erdenklichen Rückhand-Schlag produzieren.

Mag sein, daß ich eine Woche auf den langsamen Grandplätzen von Monaco etwas herumexperimentiere und dasselbe eine Woche später auf den schnellen Kunststoffplätzen von Tucson tun muß – doch solange ich mit Köpfchen spiele und mein Spiel den veränderten Gegebenheiten anpasse, hat das keinen Einfluß auf meine Rückhand.

Häufige Rückhand-Fehler

Der häufigste Rückhand-Fehler liegt bei Gelegenheitsspielern in einer schlechten Vorbereitung des Schlages. Man neigt dazu, das Racket erst dann zurückzunehmen, wenn der Ball aufgeprallt ist. Oder man läuft auf den Ball zu, vergißt während des Laufens aber das Ausholen. Wenn man in diesen beiden Fällen dann endlich den Schläger hinter dem Rücken hat, ist es zu spät für einen vernünftigen Schlag. Dabei ist ein rechtzeitiges Ausholen eben unumgänglich: Ein vollständiger Rückhand-Schlag ist hinsichtlich des Bogens der Ausholbewegung tatsächlich ein »längerer« Schlag als eine Vorhand. Außerdem muß man, wie schon erwähnt, den Ball deutlich vor dem Körper treffen.

Fehler Nummer Zwei ist darin zu sehen, daß man den Schläger zu *hoch* zurücknimmt – übrigens ein häufiger Fehler gerade bei Anfängern und Durchschnittsspielern. Das führt nämlich dazu, den Ball zu »stoßen« – das heißt, den Schläger von oben nach unten gegen den Ball zu führen, anstatt von unten nach oben, wie es eigentlich sein sollte.

Sicher holen auch viele der besseren Spieler relativ hoch aus (wenn sie auch nicht über Schulterhöhe ausholen), aber bevor sie zuschlagen, lassen sie den Schlägerkopf ein ganzes Stück fallen. Bei schlechte-

DIE RÜCKHAND AUF EINEN BLICK

Diese Bildfolge verdeutlicht den grundlegenden Bewegungsablauf, den Sie bei jeder Art von Rückhand beherrschen sollten. Holen Sie rechtzeitig aus (1) – sobald Sie also die Richtung des gegnerischen Balles erkannt haben – und bringen Sie sich im gleichen Moment mit einem kurzen Schritt in die richtige Position. Der zweite Schritt muß dann diagonal zur Flugrichtung des ankommenden Balles gesetzt werden, damit Sie für das eigentliche Zuschlagen vorbereitet sind (2 und 3). Dieser zweite Schritt im Moment des Zuschlagens hilft Ihnen, mehr Tempo in die Rückhand zu legen als wenn Sie einfach nur seitlich zum Netz stehen. Natürlich ist der genaue Winkel, in dem Sie diesen Schritt auf den Ball hin ausführen, von Rückhand zu Rückhand

verschieden. Meistens beträgt bei meiner Rückhand dieser Winkel etwa 45 Grad. Bei der hier fotografierten Rückhand ist er wesentlich kleiner. Holen Sie aber in jedem Fall nicht über Schulterhöhe aus (3), denn einer der häufigsten Fehler bei Clubspielern besteht darin, das Racket zu hoch zurückzunehmen und dann gegen den Ball zu »stoßen«. Schwingen Sie ganz locker mit gestrecktem Arm gegen den Ball (7). An dieser Stelle knicken nämlich viele Durchschnittsspieler den Arm ab und vergeuden damit ihre gesamte Ausholbewegung. Treffen Sie dann den Ball vor dem Körper (Foto 8 und 9)! Wenn Sie einmal in diesem Beispiel die Grundlinie als Anhaltspunkt nehmen, können Sie ungefähr ermessen, wie weit vorn der Treffpunkt tatsächlich liegt.

125

Ziehen Sie dann in Schlagrichtung durch (10). Der Schlägerkopf schwingt nach vorn aus. Der Ausschwung endet schließlich ein ganzes Stück nach dem Treffpunkt – Nur dieses lange Führen des Balles auf der Bespannung gibt Ihnen die nötige Kontrolle über den Schlag. Schlagen Sie also bewußt von unten nach oben, auch nach dem Treffen (11). Dieses »Heben« des Balles über das Netz (anstatt irgendwie gegen den Ball zu schlagen oder gar zu »dreschen«) dürfte den meisten Spielern zu einer sehr flüssigen und sicheren Rückhand verhelfen. Denn nur, wenn Sie den Ball wirklich »anheben«, schwingen Sie auch sauber nach oben aus – so wie ich es Ihnen hier vormache.

ren Spielern erinnert dieses Ausholen manchmal an das Öffnen eines Regenschirmes: Aus dieser hohen Position wird der Schläger dann mit einer ruckartigen Bewegung von oben gegen den Ball gebracht. Falsch ist es ebenso, während der Treffphase den Arm anzuwinkeln. Man will damit meistens den Fehler eines zu lockeren Handgelenks ausgleichen oder hat ganz einfach kein Selbstvertrauen, sauber und flüssig durchzuziehen (was allein die notwendige Härte des Schlages ergibt). So benutzt man den Ellbogen als eine Art Stütze: Anstatt aus der Schulter zu schlagen, schlägt man aus dem Ellbogen. Doch bei einer solchen Schlagtechnik kann man mit dem Schlägerkopf kaum beschleunigen, und man ist logischerweise nie in der Lage, mit Topspin zu spielen – ein Ziel, das sich Fortgeschrittene eines Tages setzen sollten.

Eine ganze Anzahl Damen spielt die Rückhand in der eben beschriebenen Weise (und auch viele Herren!). Sie haben herausbekommen, daß man mit einer Bewegung allein aus dem Ellbogen den Ball immerhin über das Netz »zurückschubsen« kann und schlagen besonders in einem Match auf diese Art. Doch solche Bälle kommen einfach zu weich, und garantiert kann jeder halbwegs ernstzunehmende Gegner im Laufe des Spiels diese Schwäche unerbittlich ausnutzen.

Der vierte und letzte wesentliche Rückhand-Fehler betrifft das Durchziehen: Man stoppt die Bewegung nach dem Treffen des Balles ab. Es gibt eine Reihe von Spielern, die der Meinung sind, daß mit dem Aufprall des Balles auf die Saiten die ganze Geschichte erledigt ist und daß sich beim Durchziehen allein entscheidet, wie weit der Ball fliegt. In gewisser Hinsicht stimmt das natürlich: Je weiter Sie ausschwingen, desto länger schlagen Sie. Aber man darf eben nicht vergessen, daß eine gute Kontrolle über den Schlag davon abhängt, in welcher Weise das Racket dem Ball beim Treffen folgt. Wenn Sie am Treffpunkt abstoppen, bleibt der Ball nun einmal nicht allzulange auf den Saiten und Sie haben nur wenig Einfluß auf seine Richtung. Wenn Sie dagegen nach dem Treffen weit durchziehen, führt die Bespannung den Ball dorthin, wo Sie ihn haben wollen.

Grundlagen der Rückhand

Ich will Ihnen nun die grundlegenden Einzelheiten erklären, die für einen sauberen Rückhand-Grundschlag erforderlich sind.

Sicherer und bequemer Griff

Machen Sie sich bitte nicht zu viele Gedanken über Ihren Rückhand-Griff. Versuchen Sie auch nicht, die Griffhaltung eines anderen Spielers exakt zu kopieren. Beim »Eastern-Rückhand-Griff«, den ich anwende, befindet sich das »V« (geformt von Daumen und Zeigefinger) etwa über der linken oberen Kante des Schlägergriffes (von oben gesehen). Beim »Continental-Griff« würde sich das »V« etwas mehr nach rechts verschieben. Von diesen grundlegenden Positionen sollte sich auch Ihre Griffhaltung nicht wesentlich unterscheiden – aber probieren Sie auf jeden Fall innerhalb dieser Grenzen ein wenig herum, bis Ihnen die Griffhaltung wirklich sicher und bequem vorkommt. Ziel muß es sein, sich eine Rückhand-Griffhaltung anzugewöhnen, die so wirkungsvoll und bequem ist, daß sie Ihnen völlig natürlich erscheint.

Rechtzeitige Vorbereitung

Reagieren Sie auf den ankommenden Ball zunächst mit dem Schläger. Auf diese Weise gelangt das Racket rechtzeitig hinter den Rücken. Gleichzeitig beginnt automatisch Ihre Körperdrehung. Auch sollten Sie sich für eine gute Ausgangsstellung ein wenig nach vorn lehnen. Wenn Sie die Schlagbewegung mit dem Racket starten, wird Ihr Körper sich eben-

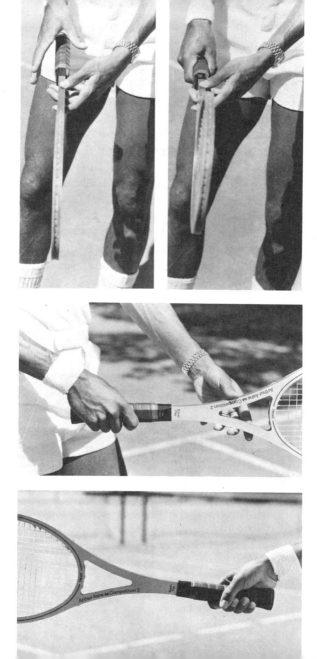

falls bewegen – Sie sind bereit, eine gute Rückhand zu schlagen.

Nicht über Schulterhöhe ausholen

Bis das Ausholen richtig sitzt, sollten Sie ruhig vor einem Spiegel üben. Doch sehen Sie zu, daß der Schläger nicht über Schulterhöhe zurückgenommen wird. Wenn Sie wollen, können Sie das Ausholen mit der zweiten, freien Hand am Racket unterstützen. Bei einer vollständigen Ausholbewegung ergibt sich zwangsläufig etwas Spielraum für den Ellbogen – lassen Sie das wie von selbst geschehen, aber winkeln Sie den Arm nicht zu sehr an. Auf jeden Fall jedoch muß Ihr Handgelenk fixiert sein. Sobald Sie das Racket ganz nach hinten geführt haben,

GRUNDLAGEN DER RÜCKHAND

1) Ausholen

2) Holen Sie nur in Schulterhöhe aus und machen Sie einen Diagonal-Schritt auf den Ball zu.

1

2

sind Sie bereit für den eigentlichen Schlag. Schwingen Sie den Schläger aber jetzt noch nicht nach vorn – neigen Sie Ihren Oberkörper erst in Richtung auf den heranfliegenden Ball. Dieses Nach-Vorne-Lehnen im Moment der Schlagvorbereitung bringt noch etwas mehr »Spannung« in Ihre Körperhaltung, Sie können noch mehr Tempo in den Schlag legen. Man kann das mit einem straff gespannten Flitzbogen vergleichen.

Schritt auf den Ball in einem Winkel von 45 Grad

Mit dem Beginn des Zuschlagens ist ein Schritt nach vorn mit dem vorderen Fuß nötig. Wenn Sie das richtig machen, plazieren Sie den Fuß diagonal zur

3) Treffen Sie den Ball mit gestrecktem Schlagarm vor dem Körper.

4) Ziehen Sie in Schlagrichtung durch, indem der Schlägerkopf von unten nach oben geführt wird.

3

4

Flugrichtung des gegnerischen Balles. Dieser Schritt ermöglicht Ihnen, wirklich kraftvoll in den Schlag hineinzugehen. Würden Sie dagegen mit den Fußspitzen frontal Richtung Netz stehen, ginge ein großer Teil an Beschleunigung des Schlägerkopfes verloren. Natürlich müssen Sie auch dieses Stück Beinarbeit – es ist so eine Art Tanzschritt – durchziehen können. Je höher Sie den Ball über das Netz schlagen, desto weiter können Sie durchziehen. Dabei verläuft das Durchziehen immer von unten nach oben. Ein Ausschwung, der von oben nach unten gerichtet ist, passiert nur, wenn Sie gegen den Ball »gestoßen« haben.

Den Ball mit gestrecktem Arm treffen

Über die Wichtigkeit, den Ball vor dem Körper (am besten noch vor dem vorderen Fuß) zu treffen, habe ich schon genug gesagt. Vergewissern Sie sich aber auch, daß Ihr Schlagarm im Moment des Treffens gestreckt ist. Das hilft Ihnen einmal, früher zu treffen, und führt außerdem dazu, daß Sie eher aus der Schulter schlagen und nicht nur aus Hand und Unterarm. Letzteres passiert immer dann, wenn man den Arm vor dem Treffen abknickt.

»Heben« Sie den Ball über das Netz

Schwingen Sie nach dem Treffen den Schläger in Schlagrichtung aus und testen Sie, wie weit Sie ganz bewußt trainieren, bevor es wie von selbst ausgeführt wird. Doch wenn Sie diese Hürde erst einmal genommen haben, wird Ihr gesamter Rückhand-Schlag viel sauberer und kräftiger kommen.

Die richtige Beinarbeit

Schlechte Vorbereitung ist wie gesagt die Hauptursache für »armselige« Rückhand-Schläge. Doch Schlagvorbereitung heißt nicht allein Ausholen mit dem Schläger, sondern bedeutet vor allem, auf dem Platz rechtzeitig und in richtiger Weise zum Ball zu laufen. Eine Menge Spieler agieren dabei in einer Art, die genau im Gegensatz zum korrekten In-Stellung-Laufen steht. Wenn sie den Ball kommen sehen, schlurfen sie ein paar Schritte in seine Richtung, drehen dann den Oberkörper und holen zu guter letzt aus. Am Ball angekommen ruht ihr Körpergewicht dann auf den Hacken und das Racket ist nicht weit genug hinter dem Rücken. Plötzlich haben sie keine Zeit mehr und angeln den Ball irgendwie über das Netz.

Vor ein paar Jahren trainierte ich eine Zeitlang mit Leichtathletik-As Henry Hines, um noch beweglicher zu werden. Er überzeugte mich davon, daß es einen bestimmten Trick im Tennis gibt, richtig zum Ball zu laufen. Die Methode lautet vereinfacht: Man muß von Kopf bis Fuß reagieren und nicht umgekehrt.

Es ist recht einfach, diesen »Von-Kopf-bis-Fuß-Stil« anzuwenden. Fixieren Sie mit Ihrer Schlägerspitze den Ball, sobald der Gegner zuschlägt. Das löst dann mehrere Dinge gleichzeitig aus:

Erstens sind Sie bereit zum Ausholen.

Zweitens werden sich Ihre Schultern automatisch drehen, sobald der Schläger zurückgenommen wird.

Drittens bringt es Ihr Körpergewicht etwas nach vorn, wenn Sie zum Ball laufen – damit befinden Sie sich in guter Balance. Sie stehen buchstäblich auf

DIE BEINARBEIT – VON KOPF BIS FUSS

Wer rechtzeitig zum Ball läuft, um in korrekter Position zu schlagen, hat die halbe Miete schon kassiert. Zunächst reagiere ich auf den gegnerischen Ball mit meinem Oberkörper – ich hole zur entsprechenden Seite aus (2). Das ruft sofort eine Drehung der Schultern und anschließend eine Bewegung meiner Hüften und Beine hervor, um

3

4

zum Ball zu kommen. Zuviele Spieler stürzen erst einmal auf den Ball zu und holen dann erst aus. In den meisten Fällen reicht dann die Zeit nicht aus, um den Ball rechtzeitig zu treffen. Nachdem ich den Ball geschlagen habe (5), laufe ich augenblicklich in die Platzmitte zurück.

den Zehenspitzen und sind in der Lage, den gewünschten Schnitt und das gewünschte Tempo in den Schlag zu bringen.
Gelegentlich scheint es ein wenig leichter zu sein, für eine Rückhand als für eine Vorhand in Stellung zu laufen, denn wenn Sie sich mit dem rechten Fuß zur Rückhand abstoßen (was Sie als Rechtshänder ja eigentlich machen sollten), benutzen Sie ja Ihren »stärkeren« Fuß – Sie kommen vielleicht etwas schneller aus den Startlöchern. Bei mir selbst kommt noch eine Eigentümlichkeit hinzu. An meiner linken Ferse befindet sich nämlich ein kleiner Sporn, und dieser Sporn behindert mich doch etwas

mehr als normal, wenn ich mich zur Vorhand-Seite abstoßen will.

Die meisten Clubspieler könnten ihre Beweglichkeit jedenfalls bei weitem erhöhen, vor allem, was die Vorbereitung auf Grundschläge betrifft. Der Unterschied zwischen einem Könner und einem Durchschnittsspieler liegt in der besseren Fähigkeit, ständig vor- und zurückzulaufen – und diese Laufarbeit auf dem Tennisplatz erfordert einen gut koordinierten Bewegungsablauf.

Um für eine Rückhand in Stellung zu laufen, muß man dagegen in erster Linie seitwärts laufen, und das sollte auch für den Clubspieler kein so großes Problem sein.

Variationen mit der Rückhand

Einer der versteckten Vorzüge der Rückhand ist die sagenhafte *Vielseitigkeit*, die Sie sich aneignen können, wenn Sie den Grundschlag erst einmal gelernt haben.

Sie können Ihre Rückhand dann variieren – gerade, Slice- oder Topspin-Bälle lassen sich mit nahezu gleicher Ausholbewegung ausführen, ganz zu schweigen vom Stoppball oder Lob.

Weiterhin kann man Bälle wirkungsvoller returnieren, die einem der Gegner direkt auf den Körper gezielt hat. Stehen Sie auf der Vorhand-Seite zu dicht am Ball, haben Sie Schwierigkeiten, den Ellbogen an der rechten Hüfte vorbeizuführen – der Ball erhält nur wenig Härte und kann nur »gerade so« zurückgebracht werden. Auf der Rückhand-Seite lassen sich auch Bälle eng am Körper vernünftig returnieren, selbst wenn Sie aus dem Gleichgewicht

136

geraten sind oder auf dem falschen Fuß stehen. Und weil die Rückhand praktisch allein aus dem Arm geschlagen wird – bei der Vorhand holt man den Schwung ja eher aus Arm und Körper –, läßt sich dieser Schlag eben auch anbringen, wenn die Körperhaltung nicht ganz korrekt ist.

Und schließlich kann man den Gegner mit der Rückhand besser täuschen. Auf der Rückhand-Seite verbirgt der Körper den Schläger mehr als auf der Vorhand-Seite. So kann ich bis zum letzten Sekundenbruchteil abwarten, bevor ich mich über die Richtung meiner Rückhand festlege, kann vielleicht herausfinden, wohin sich mein Kontrahent bewegt und ihn mit einem entsprechend plazierten Schlag ausspielen. Einen guten Rückhand-Spieler kann man mit einem Pitcher beim Baseball vergleichen – beide können alle erdenklichen Tricks und Finten benutzen.

Slice

Der unterschnittene Ball (Slice) ist der sicherste der drei wichtigen Rückhand-Schläge und die erste Variante, die jedermann beherrschen sollte. Das Rakket trifft den Ball leicht von unten, verleiht ihm Unterschnitt und bewirkt eine ansteigende Flugbahn. Darum fliegt er zum einen recht hoch übers Netz, landet aber auch recht weit hinten im gegnerischen Feld, ohne daß man besonders hart zuschlagen muß.

Obwohl der Slice prinzipiell ein defensiver Schlag ist, kann er – mit Gefühl geschlagen – auch als Mittel zum Angriff eingesetzt werden. Ken Rosewall etwa schlägt eine tödliche unterschnittene Rückhand, die kaum höher als kniehoch abspringt – vor allem auf Aschenplätzen. Bälle, die wenig Vorwärts-

137

drall besitzen, sind eben recht schwierig zu nehmen. Rod Laver, ein anderer Australier, schlägt einen perfekten hohen Slice, den er so gerade über den ausgestreckten Arm des Angreifers hinwegsetzt. Dieser Schlag ist natürlich eine Art Lob, der als Slice ausgeführt wird.

Das beste Gefühl für den unterschnittenen Ball bekommen Sie, wenn Sie sich besonders auf den Ausschwung konzentrieren. Beenden Sie den Schlag so, daß der Ellbogen des Schlagarmes etwa auf einen Punkt in der Mitte zwischen dem Himmel und dem rechten Zaun des Platzes weist. Anders ausgedrückt: Nehmen Sie den Schläger in Schulterhöhe zurück, schwingen Sie in gleicher Höhe nach vorn und ziehen Sie das Racket so durch, daß Ihr Ellbogen am Ende in die gewünschte Richtung weist. Dabei wird Ihre Schlägerfläche am Treffpunkt vor dem vorderen Fuß geöffnet sein. Dieses Öffnen der Schlägerfläche gibt dem Ball den nötigen Schnitt.

Den Slice spielen Sie gewöhnlich dann, wenn Sie in die Defensive gedrängt werden. Auch ein abgeblockter Return beim gegnerischen Aufschlag ist in Wirklichkeit ein Slice, nur einer mit verkürzter Ausholbewegung. Auch sehr hoch an Ihrer Grundlinie

VERSCHIEDENE RÜCKHAND-SCHLÄGE

Auf den folgenden 6 Seiten sehen Sie die entscheidenden Unterschiede der drei gebräuchlichsten Rückhand-Schläge. Um ein Gefühl für die verschiedenen Varianten zu bekommen, sollten Sie die Bewegung des Rackets vom Ausholen bis zum Ausschwung trainieren – so, wie das hier dargestellt wird. Denn dann werden Sie merken, daß jeder Schlag eine andere Art des Durchziehens erfordert. Üben Sie aber bitte nicht das jeweils unterschiedliche Treffen des Balles, bevor Sie nicht den bei allen drei Varianten eigentümlichen Schlagablauf beherrschen – das würde nur zu unsicheren Schlägen aus dem Handgelenk führen.

SLICE:

*Man holt sehr hoch aus und schwingt auch in dieser Höhe aus –
vielleicht ein Stück tiefer –, jedenfalls zeigt der Ellbogen des
Schlagarmes am Ende nach oben. Die Saiten des Schlägers berühren den Ball mehr an seiner unteren Seite. Der daraus resultierende Unterschnitt läßt den Ball in einigen Metern Höhe das Netz
überqueren – dennoch landet der Ball weit hinten in der gegnerischen Hälfte. Der Slice ist ein Cross-Schlag. Man wendet ihn gegen hoch abspringende Bälle an oder immer dann, wenn man
sich im hinteren Teil des Platzes in einer defensiven Position befindet.*

139

GERADE:

Am Ende der Ausholbewegung befindet sich der Schlägerkopf etwas tiefer als beim Slice. Man schlägt gerade in Schlagrichtung gegen den Ball und nach dem Ausschwung weist der Ellbogen des Schlagarmes auf den Seitenzaun zur Rechten. Am Treffpunkt steht die Schlägerfläche senkrecht zur Schlagrichtung – der Ball fliegt schneller und niedriger. Da es vom Wesen her ein Longline-Schlag ist, setzt man die gerade Rückhand eigentlich nur ein, wenn man offensiv werden will.

140

TOPSPIN:

Der Schlägerkopf befindet sich am Ende der Ausholbewegung deutlich unter dem Ball und wird vorwärts-aufwärts gegen ihn gebracht. Der Ellbogen des Schlagarmes weist am Ende auf den Boden. Der Topspin ist normalerweise ein Cross-Ball, der hart und schnell geschlagen wird. Man sollte ihn nur versuchen, wenn man eine Menge Zeit hat und wenn der Ball nicht über Hüfthöhe vor einem aufgeprallt ist.

SLICE

1   2

GERADE

1   2

TOP-SPIN

142

abspringende Bälle beantworten Sie mit einem Slice. Bälle, die auf der Rückhand-Seite über Hüfthöhe abspringen, sind *nur* mit dem Slice wirkungsvoll zurückzuschlagen. Beachten Sie auch, daß ein Slice naturgemäß ein cross geschlagener Ball ist. Wenn Sie also cross spielen wollen, nehmen Sie einen Slice. Das Ganze gilt natürlich auch umgekehrt: Wenn Sie einen unterschnittenen Ball planen, muß Ihnen durch den Kopf schießen, daß er in der Regel diagonal über den Platz fliegt.

Der Slice ist der Lieblingsschlag all jener, die mit schwachen bzw. verletzungsanfälligen Handgelenken, Ellbogen oder Schultern zu kämpfen haben; weil er ohne großen Kraftaufwand zu schlagen ist. Wegen des Unterschnitts kann der Gegner auch selten einen direkten Punkt machen. Der Ball kommt also erst einmal zu Ihnen zurück. Sicher, Sie können mit dem Slice kaum einen Gegner ernsthaft gefährden (es sei denn, Sie heißen Rosewall oder Laver). Aber Sie können sich darauf verlassen, daß der Ball im Spiel bleibt – und auf Clubebene ist das ja eminent wichtig.

Gerade Rückhand

Auch die gerade Rückhand liegt – was die technische Ausführung betrifft – für die meisten Spieler durchaus im Bereich des Möglichen. Dieser Ball wird härter geschlagen, fliegt flacher, direkter und schneller. Der Schläger trifft den Ball im rechten Winkel, die Schlägerfläche weist auf die andere Seite des Platzes und wird nicht wie beim Slice zurückgekippt.

Ein entscheidender Unterschied bei der geraden Rückhand besteht im Durchziehen. Am Ende des Schlages soll der Ellbogen des Schlagarmes direkt auf den Zaun an der rechten Seite des Platzes zeigen (Sie erinnern sich: Beim Slice weist der Ellbogen halbwegs zum Himmel). Auch hier gilt: Sie bekommen ein gutes Gefühl für den Schlag, wenn Sie sich auf ein korrektes Durchziehen während des Treffens und beim Ausschwung konzentrieren.

Theoretisch könnten Sie die gleiche Ausholbewegung wie beim Slice benutzen. In der Praxis werden Sie bald feststellen, daß sich für die gerade Rückhand eine etwas *flachere* Ausholbewegung empfiehlt. Ich habe schon angeführt, daß viele Spieler auch in Schulterhöhe ausholen, dann aber, kurz vor dem eigentlichen Zuschlagen, den Schlägerkopf ein Stück fallen lassen. Beim Slice erfolgt die Vorwärtsbewegung des Schlägers auf etwa gleicher Höhe wie das Ausholen. Bei der geraden Rückhand muß die Vorwärtsbewegung *von unten nach oben* ausgeführt werden, damit der Schläger am Treffpunkt senkrecht steht. Wenn Sie immer daran denken, daß beim Ausschwung der Ellbogen zum Seitenzaun weist, werden Sie eine korrekte gerade Rückhand lernen.

Mit der geraden Rückhand jedenfalls kann man den Gegner trefflich an der Grundlinie festnageln. Während der Slice naturgemäß ein diagonaler Schlag ist, ist die gerade Rückhand vom Wesen her ein Schlag die Linie entlang. Man sieht diesen Schlag als aggressive Antwort auf schwache Aufschläge oder als Passierschlag, wenn der Gegenspieler zum Netz vorrückt.

Je höher allerdings der Ball abspringt, desto schwieriger ist eine gerade Rückhand auszuführen. Bälle, die in Hüfthöhe abprallen, sind für eine gerade Rückhand wie geschaffen. Bei Bällen, die schulterhoch abprallen aber stehen die Aussichten für einen anständigen Schlag überaus schlecht.

Topspin

Die Topspin-Rückhand ist wirklich nur besseren Spielern vorbehalten – Spielern, deren Spielstärke schon sehr weit fortgeschritten ist, und die Zeit und Lust haben, diesen wirklich raffinierten Schlag zu üben.

Der Ball wird ebenso hart wie bei der geraden Rückhand geschlagen, und die Vorwärtsbewegung des Schlägers verläuft ebenfalls von unten nach oben. Doch am Treffpunkt ist die Schlägerfläche *geschlossen* – zeigt also nach vorn unten auf den Boden – und die Saiten bewegen sich rasch über den oberen Teil des Balles. Der sich ergebende extreme Vorwärtsdrall oder Topspin bewirkt einen Ball, der hoch über das Netz fliegt, aber plötzlich auf der anderen Seite senkrecht zu Boden fällt.

Um ein Racket für einen Topspin gegen den oberen Teil des Balles zu bringen, liegt das Geheimnis eines idealen Schlages wiederum im korrekten Durchziehen. Beim Slice endete der Ellbogen in der Mitte zwischen Himmel und Seitenzaun. Bei der geraden Rückhand wies der Ellbogen direkt auf den Zaun. Jetzt, bei der Topspin-Rückhand, zeigt der Ellbogen am Ende *auf den Boden*. Auch hier werden Sie nach einer ganzen Serie von Bällen durch den richtigen Ausschwung das Gefühl für den Schlag erhalten.

Die Topspin-Rückhand ist ein riskanter Schlag – auch wenn Ihnen die Schlagbewegung eines Tages selbstverständlich geworden ist. Die Bespannung hat nämlich nicht den langen Kontakt mit dem Ball, wie das bei der Slice- oder der geraden Rückhand der Fall ist. Und so wird die Gefahr größer, den Ball zu verschlagen. Wenn Ihr Timing nur ein wenig falsch ist, geht der Ball in die Wolken. Ich selbst verschlage diesen Ball sehr häufig, wenn ich einmal einen nicht ganz so guten Tag erwischt habe. Wenn Sie diese zusätzlichen Schwierigkeiten berücksichtigen, dürfen Sie die Topspin-Rückhand im Match nur bei wirklich günstigen Gelegenheiten einsetzen. Sie müssen bei einem Ballwechsel also gerade im Vorteil sein, Sie müssen wie aus dem Lehrbuch zum Ball stehen und es muß ein Ball angeflogen kommen, der etwa in Hüfthöhe abspringt. Ist der Ball zu flach oder zu hoch, werden Sie kaum in der Lage sein, Ihr Racket so »über« den Ball zu bekommen, wie es für den Topspin notwendig wäre.

Der Topspin ist naturgemäß ein Cross-Schlag. Zielen Sie also nicht ständig geradeaus. Einer meiner Lieblingsschläge ist ein Topspin nach einem zu kurz gespielten gegnerischen Ball, auf den ich nach vorn laufe und den ich so hart wie möglich über das Netz setze. Ich versuche dann gar nicht, einen anderen Schlag anzutäuschen. Kommt der gegnerische Ball zu kurz und habe ich Zeit zur Schlagvorbereitung, ist es mir egal, ob mein Kontrahent die richtige Ecke ahnt – ich bin dann sicher, daß er den Ball nicht zurückbringt, egal, was er versucht.

Stoppbälle

Falls Sie eine gute unterschnittene Rückhand beherrschen, werden Sie auch mit Leichtigkeit einen Stoppball spielen können. Ich rate Ihnen dringend, den Stoppball viel eher in Ihr Schlagrepertoire aufzunehmen, als etwa eine Topspin-Rückhand. Ein guter Stoppball nützt Ihnen in kritischen Spielsituationen nämlich weitaus mehr, und das Wissen, daß Sie diesen Schlag in Ihrem Programm haben, vergrößert die Unsicherheit der Gegner und den Druck auf sie.

Zu einem Stoppball holen Sie unterschiedlich weit aus – obwohl es sicher ein Vorteil für Sie ist, wenn der Gegner denkt, Sie bereiten einen normalen, langen Schlag vor. Wenn das Racket dann Richtung Ball geführt wird, öffnen Sie die Schlägerfläche ein wenig und brechen das Durchziehen unmittelbar nach dem Treffen ab. Der Ball wird ganz plötzlich über die Bespannung gerissen, erhält extremen Unterschnitt und hat anschließend wenig Tempo.

Wenn Sie den Stoppball üben, sollten Sie sich nicht unbedingt auf ein einziges technisches Detail konzentrieren. Ich glaube, daß das fruchtlos ist, weil dieser Schlag soviel Ballgefühl und Timing erfordert.

Besinnen Sie sich stattdessen auf die Entfernung, die der Ball zurücklegen soll. Schätzen Sie den Abstand zwischen Ihrem Standpunkt und dem Netz ab und versuchen Sie, den Ball nur ganz kurz in die andere Hälfte zu bugsieren. Sagen Sie sich immer wieder: »Ich muß den Ball so gerade eben hinter das Netz setzen!« – und Sie werden nach geduldigem Üben feststellen, daß der Stoppball wie von selbst gelingt.

Der Stop ist eine überraschende Waffe. Man kann ihn zwar auch als Return bei einem schwachen zweiten Aufschlag einsetzen (bevorzugt auf langsamen Plätzen), gebräuchlicher aber ist er, um langwierige Grundlinien-Duelle zu unterbrechen.

Besonders wirkungsvoll ist er gegen Widersacher, die nicht allzu gut zu Fuß sind oder ungern am Netz spielen. An sehr heißen Tagen können Sie den Gegner mit dem Stoppball ermüden: Wenn Sie den anderen erst drei- oder viermal ans Netz gelockt haben, wird er schon etwas schwerer atmen. Möglich, daß er sich dann etwas weiter ins Feld hineinstellt, um sich weiteren Ärger zu ersparen. Und jetzt

DER STOPPBALL AUF EINEN BLICK

Den Stoppball sollten Sie nur riskieren, wenn der gegnerische Ball innerhalb Ihrer Aufschlagfelder angekommen ist und wenn sich Ihr Kontrahent hinter seiner Grundlinie befindet. In Ausholbewegung und Zuschlagen ähnelt die Technik der des Rückhand-Slice (1 bis 4), der Ball wird aber weit vor dem vorderen Fuß getroffen, damit der Überraschungseffekt gewahrt bleibt. Am Treffpunkt (6 und 7) läßt

3
4

man den Schlägerkopf plötzlich fallen, um jegliches Tempo aus dem Ball zu nehmen und ihn so gerade eben über das Netz zu heben. Auf den Fotos 7 und 8 sehen Sie, wie plötzlich der Ball nach oben steigt – das liegt an dem extremen Unterschnitt eines Stoppballes. Viele Clubspieler versuchen diesen Ball, indem sie ihn nur ohne jede Bewegung des Schlägers abprallen lassen. Sie stoßen den Schläger nur ganz

7
8

kurz nach vorn. Wenn der gegnerische Ball wenig Tempo hat, besteht zwar immerhin die Chance, daß die Filzkugel kurz und unerreichbar hinter dem Netz landet. Aber um ständig einen sicheren Stoppball anzubringen, braucht man eine anständige Aushol- und Schlagbewegung. Nehmen Sie sich das Ausschwingen des Rackets in Foto 10 ruhig als Beispiel.

kommt Ihre Chance: Spielt er wieder einen zu kurzen Ball, können Sie entweder erneut einen Stop einstreuen oder Sie schlagen lang zur Grundlinie. Aufgrund der schlechten Platzposition des Gegners können Sie ihn wahrscheinlich ausspielen.

Im Training soll man Stoppbälle ruhig von jedem beliebigen Punkt des Platzes üben. Im Match jedoch sollten Sie nur dann derartige Schläge riskieren, wenn die gegnerischen Schläge *innerhalb* Ihrer Aufschlagfelder auftreffen. Versuchen Sie es aus dem hinteren Teil des Feldes, ist die Gefahr groß, daß Sie den Punkt verlieren. Entweder schlagen Sie den Ball ins Netz – weil Ihr Ball ein großes Stück des Feldes zu überwinden hat – oder, falls ein Stop gelingt, bleibt Ihrem Gegner ausreichend Zeit, den Ball zu erlaufen und mit einem Angriffsschlag zu antworten.

152

Ein paar Gedanken über Ihre Rückhand

Es reicht nun aber nicht aus, verschiedene Rückhand-Techniken zu beherrschen – obwohl es wirklich nicht leicht ist, so weit zu kommen, daß Sie sich die unterschiedlichen Schlagformen angeeignet haben, die ich auf den Seiten zuvor beschrieben habe. Um diese Schläge im Match auch taktisch richtig anzuwenden, müssen Sie zusätzlich lernen (und vor allem beobachten), wie sich ein technisch sauberer Rückhand-Schlag im Kampf um Punkte bezahlt macht.

Wenn Sie ständig beobachten, was Ihnen und anderen Spielern in gewissen Spielsituationen passiert, entwickeln Sie nach und nach ein Gespür, wann, wohin und wie Sie Ihre unterschiedlichen Rückhand-Schläge einsetzen. Ich möchte gern einige Richtlinien nennen, die über die normalen taktischen Tricks auf Clubebene hinausgehen und die Spielstärke vieler Spieler anheben können. Ich beschränke mich dabei hauptsächlich, wenn auch nicht allein, auf die Rückhand.

Schlagen Sie nach den »Naturgesetzen«

Slice- und Topspin-Rückhand sind naturgemäß *Cross*-Bälle, die gerade Rückhand ist naturgemäß ein *Longline*-Ball. Vermeiden Sie also Schläge gegen die »Naturgesetze«! Sie werden andernfalls nämlich nicht nur verhältnismäßig schwache Schläge produzieren, nein, wer ständig gegen die technischen Gesetzmäßigkeiten verstößt, wird auf der Rückhand vollkommen aus dem Rhythmus geraten. Wenn sich Ihnen also die Gelegenheit für einen unter-

153

TOPSPIN AUF EINEN KURZEN BALL
DES GEGNERS

Wer auf der Rückhand-Seite maximale Leistungen erzielen will, muß lernen, immer jene Schlagvariation einzusetzen, die eine bestimmte Matchsituation gerade erfordert. So sollten Sie zum Beispiel niemals eine Topspin-Rückhand schlagen, wenn Sie hinter die Grundlinie getrieben worden sind, wenn der Ball nur bis Hüfthöhe abspringt, oder wenn Sie den Schlag longline plazieren wollen und nicht cross.
Nach einer gewissen Zeit werden Sie instinktiv den Topspin als aggressiven Cross-Schlag einsetzen, wie ich hier auf den Fotos, oder

nach einem zu kurzen Ball des Gegners auf Ihre Rückhand-Seite. In der Situation schlage ich übrigens am liebsten mit Topspin. Dennoch können Sie sehen, daß ich die grundlegenden Regeln der Rückhand-Technik befolge: Mit den ersten Schritten zum Ball beginne ich das Ausholen (2), ich stehe korrekt zum Ball, so daß ich mein Racket förmlich um den Körper »wickeln« kann (3), und ich treffe den Ball vor dem vorderen Fuß (4).
Ein entscheidendes Detail ist in dieser Bildreihe nicht zu erkennen: Nach Phase 3 senkt sich der Schlägerkopf tief hinunter, damit ich von unten nach oben durchziehen (4) und den Schlag in typischer Topspin-Manier beenden kann. Der rechte Ellbogen weist dabei zum Boden (5).

schnittenen Ball bietet, heißt das für Sie, cross zu
schlagen. Wenn Sie dagegen genug Zeit zum Überlegen haben, welche Art von Rückhand anzuwenden ist, und Sie sehen die Chance für einen Passierschlag entlang der Linie, dann sollten Sie sich für
die gerade Rückhand entscheiden und nicht für einen Slice oder Topspin.

Postieren Sie sich an der Seitenlinie –
Sie verleiten den Aufschläger
zu einem Service durch die Mitte

Wenn ich mich in einem Einzel auf den Aufschlag-
Return vorbereite, stehe ich am liebsten ein Stück
weiter *außen.* Anders gesagt: Sobald ich rechts einen Aufschlag erwarte, postiere ich mich kurz vor
der Seitenauslinie und lade meinen Gegner geradezu ein, auf meine *Rückhand* zu servieren. Auf der
linken Seite pflanze ich mich ebenfalls nahe der Seitenlinie auf, um meinem Gegner ein Service auf die
Vorhand anzubieten. Es geht mir weniger darum,

meinen Gegner zu einem bestimmten Schlag zu veranlassen, vielmehr will ich, daß er des öfteren nach innen, durch die Mitte aufschlägt. Wäre er in der Lage, weit nach außen zu servieren, müßte ich ja das Feld für seinen zweiten Schlag öffnen. Natürlich habe ich bei meinem Return nicht allzuviel Gelegenheit, einen großen seitlichen Winkel auszunutzen, falls der andere durch die Mitte aufschlägt. Aber dafür fällt es mir einfach leichter, an seinen nächsten Schlag heranzukommen.

Die meisten Rückhand-Returns abblocken

Es gibt einen häufig wiederkehrenden Fehler, den bessere Spieler beim Aufschlag-Return machen: Anstatt den Ball erst einmal auf Sicherheit zu spielen, ihn abzublocken, versuchen sie so hart wie möglich zu schlagen. Doch je stärker man wird, desto variantenreicher wird das eigene Schlagrepertoire und desto selbstbewußter tritt man auf. Aber dennoch ist es ganz einfach dummes Zeug, bei einem Return voll durchzuziehen – es sei denn, der Gegner ist ein schwacher Aufschläger. Ihre wichtigste Waffe als Return im Einzel und im Doppel ist der »abgebrochene« Slice, also ein unterschnittener Ball mit verkürzter Schlagbewegung, den wir auch »Chip« nennen. Man versucht dabei keine allzugroßen Kunststücke, der Ball soll nur halbwegs lang übers Netz fliegen. Falls Ihr Gegner angreift, soll der Ball in der Nähe der Aufschlaglinie landen.
Wenn ich einen solchen abgebrochenen Return schlage, halte ich in der Ausgangsstellung das Rakket etwas höher und etwas weiter nach vorn als gewöhnlich. Meist hilft das schon, um den Ball ein bißchen früher zu treffen, anständig durchzuziehen

und dem Ball den gewünschten Unterschnitt mit auf den Weg zu geben.

Mit dem Slice im Spiel bleiben

Auch wenn Sie sich in einem langen Grundlinien-Duell befinden, dürfen Sie nie die Chance zu einem Angriff versäumen. Dennoch ist es zunächst am wichtigsten, den Ball im Spiel zu halten und lang übers Netz zu schlagen. Gegen einen Kontrahenten mit guten Grundschlägen werden Sie vermutlich häufig in die Defensive getrieben. Entweder macht er irgendwann einen Fehler oder Sie spielen ihn mit einem besonders starken Schlag aus. Solange Sie jedoch in defensiver Position an der Grundlinie festgenagelt werden, dürfen Sie getrost alle Bälle mit Unterschnitt schlagen. In so einem Einzel-Match zwingt Sie ja niemand, sehr flach übers Netz zu spielen. Eine lange Slice-Rückhand überquert das Netz in einigen Metern Höhe und fliegt trotzdem zur anderen Grundlinie. Deshalb ist es ja auch der beste Schlag, um den Ball im Spiel zu halten.

Im Zweifel durch die Mitte schlagen

Viel zu viele Clubspieler versuchen aus defensiver Position heraus anzugreifen. Wenn während des Ballwechsels ein Ball in Hüfthöhe auf Ihre Rückhand kommt, sollten Sie nicht versuchen, in eine für den Gegner eventuell unerreichbare Ecke zu spielen – es sei denn, Sie stehen wirklich ideal für einen Cross- oder Longline-Schlag. Schlagen Sie den Ball in der Mitte über das Netz – und Ihr Gegner kann keinen extrem angewinkelten Schlag anbringen, ohne einen Fehler zu riskieren.

GEHEN SIE
IN DEN
RETURN
HINEIN

Slice-Return

Die meisten Aufschläger greifen die gegnerische Rückhand-Seite an. Überflüssig zu erwähnen, daß Sie Ihre Spielstärke erheblich steigern, wenn Sie über einen zuverlässigen Rückhand-Return verfügen. Bei den meisten Clubspielern kommt dieser Schlag jedoch entweder zu schwach (weil sie den Ball »plattfüßig« oder auf dem hinteren Fuß schlagen) oder zu hart (weil sie den Fehler machen, einen direkten Punkt erzielen zu wollen, anstatt den Ball erst einmal sicher und lang im Spiel zu halten).
Die beiden hier gezeigten Returns sind Ihre sichersten Waffen gegen

Abgeblockter Return

einen starken Aufschläger, der ständig auf Ihre Rückhand zielt. Der abgeblockte Return (unten) ist besonders nützlich gegen ein extrem schnelles Service. Verkürzen Sie die Ausholbewegung und konzentrieren Sie sich darauf, den Ball so früh wie möglich zu treffen. Mit dem Slice-Return (oben) beantwortet man einen langen oder hoch abspringenden Aufschlag. Holen Sie so weit wie gewohnt aus und geben Sie dem Ball Unterschnitt mit auf den Weg. Bei beiden Returns muß ich unbedingt mein Körpergewicht beim Durchziehen nach vorn verlagern. Nur dann bin ich sicher, den Ball sauber zu treffen.

Schlagen Sie Angriffsbälle die Linie entlang

Wenn Sie schließlich die Möglichkeit haben, eine offensive Rückhand während des Ballwechsels zu riskieren, ist ein Schlag die Seitenlinie entlang ratsamer als ein Crossball. Folgen Sie nämlich einem Cross zum Angriff ans Netz, geben Sie Ihrem Gegner eine Menge Raum, den er ausnutzen kann: Laufen Sie zum Flugball vor, kann er Sie entweder cross oder longline passieren. Von dieser Regel gibt es allerdings zwei Ausnahmen. Sie dürfen getrost mit einem Cross angreifen, wenn Ihr Topspin so stark ist, daß Sie mit Sicherheit einen direkten Punkt erzielen. Genauso dürfen Sie cross schlagen, wenn Sie auf die ausgesprochen schwache Stelle des jeweiligen Gegners spielen.

Mit der geraden oder der Topspin-Rückhand gegen Slice-Experten

Eine Menge Clubspieler werden von jener Sorte Gegner ständig genarrt, die einen guten Schlag mit Unterschnitt beherrschen. Gewöhnlich beantwortet man unterschnittene Bälle ebenfalls mit unterschnittenen Bällen – Slice kämpft gegen Slice. Richtig ist es aber vielmehr, darauf gerade oder Topspin-Bälle zu spielen, damit die Schläge hart und lang geraten. Auf diese Weise schlagen Sie den Ball mit jenem Schnitt zurück, mit dem er auf Sie zusprang. Einen Slice auf einen Slice des Gegners zu schlagen ist ungleich komplizierter. Einmal müssen Sie den gegnerischen Unterschnitt aus dem Ball herausnehmen, zum andern den Ball wieder mit dem entgegengesetzten Schnitt auf die Reise schikken. Im allgemeinen gelingen Ihnen da nur magere,

DIE AUSGANGS-STELLUNG
BEIM RETURN

Wenn ich einen Aufschlag erwarte, postiere ich mich so: Körperge-
wicht auf den Fußballen, Knie gebeugt, Schläger vor dem Körper. Oft
*postiere ich mich **außerhalb der Seitenlinie**, stehe leicht schräg: Ich*
will den Aufschläger davon abhalten, mich mit einem stark nach au-
ßen gesetzten Service aus dem Platz zu treiben. Indem ich ihn zwinge,
durch die Mitte zu servieren, befinde ich mich für meinen zweiten
Schlag in einer günstigeren Platzposition.

weiche Bälle. Schlagen Sie dagegen gerade, returnieren Sie mit dem gleichen Schnitt, den der Ball in
sich trug, und das macht Ihren Schlag härter und
länger.

Kündigen Sie Ihre Attacke an

Besitzen Sie einen ausgeprägt starken Schlag oder hat Ihr Gegner eine besondere Schwäche, sollten Sie das nicht als Staatsgeheimnis betrachten. Viele Spieler zögern während eines Matches zu lange mit dem Angriff – sie fürchten, ihre Karten zu früh aufzudecken. Wenn Sie glauben, eine taktische Marschroute zu besitzen, mit der Sie siegen können, dann fangen Sie gleich beim ersten Punkt damit an!

Nehmen wir an, Ihr Gegner volliert nicht allzugut, und Sie selbst verfügen über einen recht sicheren Stoppball. Warten Sie nun nicht etwa bis zum zweiten Satz. Setzen Sie bei der ersten Gelegenheit einen Stop hinter das Netz – sei es, bei einem schwachen zweiten Aufschlag, sei es, beim ersten kürzeren Ball des Gegners. Damit zeigen Sie ihm gleich, daß Sie ihn ständig ans Netz locken werden und daß er verliert, wenn er schlechte Volleys spielt.

Jeder Gegner steht unter psychologischem Druck, wenn er mit eigenen schwachen Schlägen Fehler macht. Noch viel größer aber wird dieser Druck, wenn Ihr Gegner merkt, daß Sie ihn taktisch durchschaut haben und ihn bewußt an seiner schwachen Stelle erwischen.

Tony Roche

Der Weg
zum perfekten
Volley

Mein Volley und Ihrer

Schon mit fünf Jahren stand ich das erste Mal auf dem Tennisplatz. Schuld daran war mein Vater, dem ein Fleischerladen in einem kleinen Dorf im australischen Neu-Süd-Wales gehörte. In seiner Freizeit war er ein eifriger Tennisspieler, aber unser Dorf hatte gerade 300 Einwohner. Klar, daß Vater und ich keine Tennispartner fanden. So wartete ich nach Schulschluß den ganzen Nachmittag ungeduldig auf Daddys Feierabend – immer ging's dann hinaus auf Tarcuttas einzigen Tennisplatz.

An solchen Nachmittagen dachte ich mir ein Spielchen aus, um mir die Zeit zu vertreiben. Nie allerdings hätte ich mir träumen lassen, daß gerade dies die Grundlage für meinen heute so starken Volley sein würde. Ich schlug nämlich ganz einfach unzählige Bälle gegen die Wand der elterlichen Garage, und ich tat das stundenlang – bis endlich mein Vater nach Hause kam und wir »vernünftig« Tennis spielen konnten ...

Später dachte ich mir dann noch eine zusätzliche Variante aus: Mit Kreide malte ich aufs Geratewohl Quadrate an die Mauer und versah sie mit verschiedenen Nummern. Diese Zahlen waren blindlings auf die Wand verteilt, also etwa in der Reihenfolge 6-3-2-5-1-4-7. Ich übte meistens Volleys, weil die Garage zu klein und die Mauer zu unregelmäßig war, um Grundschläge zu trainieren. Und als Zeitvertreib versuchte ich eben, bestimmte Felder zu treffen. Nach einem Treffer auf Feld Nummer Eins befahl ich mir: »Fünf!« – und nach dem Schuß auf die Fünf sagte ich mir: »Sieben!« und so weiter.

Was diese langen Stunden der Spielerei (insgesamt machte ich das vier oder fünf Jahre) mir brachten, ist mir heute klar: Ich trainierte mir ein festes Handgelenk an und gewöhnte mich rechtzeitig daran, den Ball vor dem Körper zu treffen – zwei Attribute, die Härte und Präzision eines Volleys ausmachen und gleichzeitig Gütezeichen eines Volleys sind, egal, auf welchem spielerischen Niveau.

Glauben Sie jetzt bloß nicht, daß mein Volley irgendein Wunderschlag ist, der allein für meine Tennis-Karriere wichtig war. Der Grund ist ein anderer. Als kleiner Junge war ich wie die meisten meiner Altersgenossen körperlich zu schwach, um ständig ans Netz zu laufen und vorn Volleys zu probieren. Und als ich dann größer war und in der Lage, am Netz zu spielen, habe ich ehrlich gesagt gar nicht die taktischen Möglichkeiten erkannt, die sich da plötzlich auftaten. Der »Ruck« kam bei meinem ersten Tennismatch überhaupt, an das ich mich noch ganz genau erinnere. Ich spielte in der Klasse der Zehnjährigen, und das Ganze fand auf den Rasenplätzen Sydneys statt. Damals wurde nur ein Satz gespielt und mein Gegner, ein Großstadtjunge, der die Serve-und-Volley-Taktik auf schnellen Plätzen kannte, schlug mich 6:0. Warum ich verlor, merkte ich erst, als es zu spät war. Doch nach dieser Niederlage begann auch ich, mit dem Aufschlag anzugreifen und merkte zu meiner Überraschung, daß ich starke Flugbälle zustandebrachte.

Eine ganze Reihe von Jahren später machte mein Angriffsspiel einen weiteren entscheidenden taktischen Fortschritt. Das war 1968, als das »offene Tennis« begann. Ich wurde Mitglied der »Hübschen Acht«, zusammen mit John Newcombe, Dennis Ralston, Roger Taylor, Pierre Barthes, Nikki Pilic, Butch Buchholz und Cliff Drysdale. Wir stellten die erste richtige Profi-Truppe zusammen, nachdem Jack Kramer in den 50er Jahren Tourneen von Berufsspielern organisiert hatte.

3

4

Ein Beispiel für aggressives Serve-und-Volley-Tennis: Ich folge meinem Aufschlag rasch ans Netz (2), schlage nach zwei zusätzlichen Schritten meinen ersten Volley auf einen schwachen Return (3), und buche nach dem zweiten Schlag des Gegners mit meinem zweiten Volley den Punkt, indem ich in die verlassene Ecke spiele (6). Ich gewinne den Punkt mit einem langen Service auf die Rückhand-Seite, einem gut plazierten Vorhand-Volley und einem leichten Rückhand-Flugball. Ohne eine sichere Volley-Technik allerdings könnte ich meine Grundlinie nicht verlassen – egal, wie gut ich aufschlage.

Der ständige Druck, jeden Tag gegen erstklassige Profis antreten zu müssen, änderte meine Spielweise – sowohl beim zweiten Aufschlag als auch beim ersten Volley. In meiner Amateurzeit hatte ich es – besonders in den ersten Runden eines Turniers – sehr leicht, gut auszusehen. Jetzt aber stellte ich fest, daß ich einen längeren zweiten Aufschlag und einen druckvolleren ersten Volley benötigte, um überhaupt mithalten zu können.

3

4

4

VOLLEY IN KNIE-HÖHE
VOLLEY IN HÜFT-HÖHE
VOLLEY IN SCHULTER-HÖHE

Diese Bildfolge zeigt die drei häufigsten Flugball-Arten. Es gibt leichte Unterschiede hinsichtlich der Länge der Ausholbewegung. Auch werden die Knie je nach Flughöhe des Balles unterschiedlich stark gebeugt. Aber die grundlegende Volley-Technik bleibt in allen drei Fällen gleich. Der Ball wird frühzeitig getroffen – vor dem vorderen Fuß –, und im Moment des Treffens darf der Schlägerkopf nicht tiefer liegen als das Handgelenk.

4

5

Und das machte letztlich meinen Flugball nahezu perfekt. Ich habe all dies deshalb aufgezählt, weil meine persönlichen Erfahrungen wohl recht gut die wesentlichen Faktoren eines anständigen Flugballs erklären. Man braucht ein relativ kräftiges Handgelenk und einen starken Unterarm, um harte Volleys zu schlagen. Und wenn Sie der liebe Gott nicht mit solchen Voraussetzungen ausgestattet hat oder Sie nicht zufällig als Kind wie ich trainierten, müssen Sie sich damit abfinden: Ein starkes Handgelenk und ein kräftiger Unterarm entwickelt sich nur durchs Tennisspielen. Ebenso braucht man eine Menge Routine, um die Volleys präzise setzen zu können, statt sie nur einfach vom Schläger abtropfen zu lassen. Erinnern Sie sich an mein erstes Turnier in Sydney: Ein guter Volley nützt Ihnen gar nichts, wenn Ihnen keiner sagt, wann und wie man ihn einsetzt.

Häufige Fehler beim Volley

Wer sich mit dem Volley beschäftigt, muß sich über Technik, Taktik und Trainingsmethoden Gedanken machen. Vielleicht ist der Volley bei den meisten Spielern von allen Grundschlägen die schwächste Waffe — obwohl ich das merkwürdig finde, denn wenn Sie ans Netz zum Flugball vorlaufen, greifen Sie ja vermutlich an und sollten doch eigentlich weniger Fehler machen. Logisch ist es doch wohl, daß man eher die *Grundlinienschläge* verpatzt, als die Flugbälle.

Ich will einmal all jene Unzulänglichkeiten aufzählen, die ich hinsichtlich des Volleyspiels in Clubspielen beobachtet habe:

Anfänger und Durchschnittsspieler haben beim Flugball die größten Schwierigkeiten mit der technischen Ausführung des Schlages. Bessere Spieler geraten eher bei der *Anwendung* des Schlages in Nöte. Sie schlagen also den falschen Flugball in einer bestimmten Match-Situation.

Die große Mehrheit aller Spieler macht in einem (oder mehreren) der folgenden Punkte Fehler:

Zu lange Bewegungen: Bei einem normalen Flugball sollte man das Tempo des gegnerischen Balles ausnutzen und nicht selbst besonders hart schlagen wollen. Viel zu viele Spieler nehmen den Schläger beim Ausholen hinter die Schulter zurück und ziehen auch zu weit durch. Anders ausgedrückt: sie machen einen Grundschlag aus einem Ball, der in der Luft getroffen wird.

Gegen den Ball stoßen: Viele Spieler stoßen das Racket ruckartig von oben nach unten gegen den Ball, anstatt ihn ruhig und sauber zu schlagen. Ich glaube, diese Leute haben am Netz Angst, daß sie den Ball zu weit schlagen könnten. Sie führen den Schläger zu sehr nach unten, um den Ball im Feld zu halten, übersehen aber, daß eine korrekte Schlagbewegung dem Ball Unterschnitt verleiht – tatsächlich ist es dann gar nicht so leicht, den Ball ins Aus zu setzen.

Zu aufrechte Stellung: Diese Spieler vergessen ihre Knie beim Aufschlag völlig. Je mehr Sie in die Knie gehen, desto einfacher ist es, den Schlägerkopf auf eine Höhe mit dem heranfliegenden Ball zu bekommen und desto mehr Kontrolle spüren Sie.

Angewinkelter Ellbogen: Dieser Fehler tritt vor allem auf der Rückhand-Seite auf. Man verliert automatisch Kraft, wenn man den Arm anwinkelt. Sicher, bei der kurzen Ausholbewegung sollte der Arm leicht abgeknickt sein, doch wenn Sie den Schläger zum Ball führen, müssen Sie den Arm strecken. Der Schlag kommt dann nicht nur aus der Schulter, sondern Sie zwingen sich auch, den Ball weit vor dem Körper zu treffen.

Nach dem Ball springen: Ich denke, dieser Fehler stammt aus dem allgemeinen Unbehagen, das viele

HÄUFIGE FEHLER BEIM VOLLEY

RICHTIGE SCHLÄGERHALTUNG AM TREFFPUNKT: Schlägerkopf und Handgelenk bilden eine Linie.

FALSCHE SCHLÄGERHALTUNGEN AM TREFFPUNKT: Schlägerkopf hinter dem Handgelenk. Schlägerkopf vor dem Handgelenk.

FALSCH: Zu weit ausgeholt.

FALSCH: Von oben nach unten ge-gen den Ball gestoßen.

FALSCH: Der Schlägerkopf hängt beim tiefen Volley herunter.

RICHTIG: Gebeugte Knie beim tiefen Volley, Schlägerkopf und Handgelenk befinden sich auf gleicher Höhe.

FALSCH: Ellbogen zu sehr angewinkelt.

RICHTIG: Gestreckter Arm beim Schlagen.

Spieler am Netz empfinden. Das Ergebnis sind ruckartige und schlecht getimete Schläge.

Zu kopflastiger Schläger: Viele Spieler, besonders Damen, benutzen Rackets, die für ihr spielerisches Niveau zu schwer sind. Am Netz läßt sich mit leichteren Schlägern viel einfacher agieren. Es ist sicher kein Zufall, daß australische Spieler, die für ihre Volley-Künste bekannt sind, viel leichtere Rackets wählen als alle anderen Kollegen.

Zu harte Bespannung: Flugballspiel erfordert Ballgefühl – das Gefühl, wenn die Saiten den Ball treffen – und das bekommen Sie nicht, wenn Sie mit einer eisenharten Bespannung antreten. Je größer die Bespannungshärte, desto kleiner wird der »Sweet Spot« (die ideale Treff-Fläche) auf den Saiten, und desto schwieriger wird es, den Ball vernünftig aus der Luft zu nehmen.

Angst am Netz: Viele Spieler meinen, daß das Match am Netz für sie viel zu schnell und hektisch abläuft. Bei Grundlinien-Duellen kommt der Ball langsamer, man hat viel Zeit. Am Netz ist es mit der Beschaulichkeit vorbei. Für solche »Angsthasen« gibt es nur ein Rezept: Immer wieder 'ran ans Netz, bis man herausgefunden hat, daß es gar nicht so gefährlich ist wie befürchtet.

Die Tricks
für einen korrekten Volley

Eine kurze, knappe Aushol- und Schlagbewegung ist für eine ganze Reihe von Schlagvarianten unbedingte Voraussetzung. Sie hilft Ihnen, wenn Sie unter Druck stehen oder wenn Sie bei Flugball-Duellen Erfolg haben wollen – zum Beispiel, wenn man Ihnen am Netz die Bälle direkt auf den Körper jagt. Weniger sinnvoll ist dagegen eine lange und komplizierte Aushol- und Schlagbewegung oder eine unterschiedliche Technik bei Vor- und Rückhand-Volley.

Die drei Geheimnisse für einen »kompakten« Volley sind:

1. Eine feste und sichere Griffhaltung für Vor- und Rückhand-Flugball.

2. Eine möglichst kurze Ausholbewegung.

3. Das rechtzeitige Erkennen des gegnerischen Balles, eine solide Beinarbeit sowie das Zusammenwirken von Arm und Schläger, *um den Ball vor Ihrem Körper zu treffen.*

Benutzen Sie eine einheitliche Griffhaltung

Ich benutze den »Continental-Griff«. Dabei nimmt meine Hand etwa eine Position zwischen dem normalen »Eastern«-Vorhand- und-Rückhand-Griff ein. Es ist der Griff, den ich gewöhnlich für all meine Schläge anwende. Auf schnellen Plätzen gibt mir das einen kleinen Vorteil gegenüber Spielern, die ständig die Griffhaltung wechseln. Eine einheitliche Griffhaltung ist auf allen Bodenbelägen ein wünschenswertes Ziel, vor allem, wenn es im Match zu zahlreichen Flugball-Duellen kommt. Schnelles Netzspiel erlaubt Ihnen eben nicht den Luxus, dauernd umzugreifen.

Spieler mit wirklich sicherer Griffhaltung sollten aber auf keinen Fall ohne besonderen Grund damit herumexperimentieren. Das einzige, was zählt, ist der Erfolg. Doch wenn Sie noch keine wirklich passable Griffhaltung gefunden haben, oder wenn Sie es satt haben, beim Flugballspiel ständig zwischen

Vor- und Rückhand hin- und herzugreifen, würde ich Ihnen doch meinen »Continental-Griff« ans Herz legen.

Die einzige Möglichkeit, einen Ball wirklich kontrolliert aus der Luft zu nehmen, liegt im Schlagen mit Unterschnitt. Im Moment des Treffens wird dabei die Schlägerfläche in einem Winkel von 20 bis 30 Grad geöffnet. Denn wenn Sie immer nur gerade Volleys schlagen, ist die Gefahr groß, daß die Volleys hinten ins Aus fliegen. Wenn Sie die Schlägerfläche zu sehr nach vorn abkippen lassen, landet der Ball im Netz. Der erwähnte Unterschnitt-Effekt ist ein unbedingtes »Muß« beim Volley. Und mit dem »Continental-Griff« (oder einer Griffhaltung, die sich dem »Continental« annähert) vermögen Sie diese unterschnittenen Flugbälle sowohl auf der Vorhand als auch auf der Rückhand zu spielen.

Die Anwendung des Griffes ist für Vor- und Rückhand jedoch nicht absolut identisch. Mit dem »Continental« können Sie einen Rückhand-Volley in ganz natürlicher Weise schlagen. Auf der Vorhand-Seite aber müssen Sie Ihr *Handgelenk etwas stärker abknicken,* damit beim Schlag der Schlägerkopf gleichzeitig mit der Schlaghand gegen den Ball geführt wird. Knicken Sie das Handgelenk nicht ab, trifft der Schlägerkopf den Ball »vor« der Hand, nicht auf einer Ebene: Die Folge ist ein Volley ohne Druck oder aus dem Handgelenk.

In jedem Fall aber darf die Stellung des Handgelenkes während des eigentlichen Schlages nicht verändert werden. Arm, Handgelenk und Schlägerkopf sollten als eine Einheit und zur gleichen Zeit vor Ihrem Körper ankommen.

Viele Clubspieler klagen darüber, daß sie den Schlägergriff beim Volley doch furchtbar festhalten müßten. Wenn ich mich auf einen Flugball vorbereite,

entspanne ich meine Finger unwillkürlich ein wenig – allerdings nicht meinen Daumen, der den Schlägergriff ja fest umwickelt und in Position hält. Ich glaube, das hilft mir, um nicht allzusehr in der Griffhaltung nachzulassen. Indem ich aber die anderen vier Finger gleichzeitig entspanne, komme ich nicht in die Gefahr, zu fest zuzupacken und eine müde Hand zu bekommen. Wenn Sie Ihr Racket dann zum Volley hochnehmen, greifen Sie unwillkürlich wieder fester; vermutlich verstärken Sie das Zupacken noch während der eigentlichen Schlagbewegung – und all das, ohne groß darüber nachzudenken.

Verkürzen Sie die Ausholbewegung

Die zweite Bedingung für einen guten Volley lautet: Holen Sie so kurz wie möglich aus.
Bei einem normalen Flugball in Hüfthöhe sollte das Racket nur bis zur Schulter zurückgenommen werden. Je langsamer der Ball heranfliegt, desto weiter dürfen Sie ausholen. Bei Bällen, die extrem langsam und in angenehmer Höhe auf Sie zukommen, dürfen Sie sogar ohne weiteres einen *durchgezogenen Volley* versuchen. Mein großartiger Doppelpartner John Newcombe schlägt diesen durchgezogenen Volley auf der Vorhand sehr gern, vor allem wenn er hohe gegnerische Bälle töten will.

◀ EINHEITLICHE GRIFFHALTUNG

Ich benutze für alle Schläge den hier gezeigten »Continental-Griff«. Gerade am Netz wären viele Spieler besser mit einer einheitlichen Griffhaltung für Vor- und Rückhand-Volleys beraten. Mit dem »Continental« kann man speziell Rückhand-Flugbälle sehr präzise schlagen. Zum Vorhand-Flugball muß ich den Schlägerkopf allerdings ein wenig zurückkippen, um die Bespannung sauber gegen den Ball zu bringen.

1
2

DER VOLLEY AUF EINEN BLICK

Wenn Sie dicht am Netz stehen, benötigen Sie nur ein Minimum an Ausholbewegung und Beinarbeit. Denn meistens haben Sie gerade nur so viel Zeit, um Schlagarm und Racket zum Ball zu strecken. Foto 2 beweist, daß ich mit meinen Hüften ausweiche. So bleibt Platz für die Vorwärtsbewegung des Schlägers. Das eigentliche Durchziehen bleibt sehr kurz (3 bis 5), doch wenn man weit genug vorn trifft, fliegt der Ball sicher über das Netz.

Clubspieler müssen allerdings aufpassen, daß ein gelegentlich durchgezogener Volley nicht bei *allen* ihren Flugbällen zu einer zu langen Ausholbewegung führt. Das ergibt nämlich ein zu spätes Treffen des Balles und eine weitere Gefahr: Je weiter Sie ausholen, desto weiter schwingen Sie auch aus. Bei schnellen Netzduellen aber müssen Sie nach jedem Schlag schnell wieder wachsam sein und Ihr Gleich-

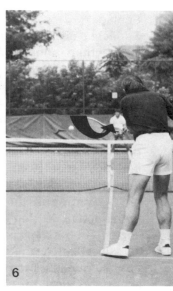

gewicht finden. Je weiter Sie jedoch ausschwingen, desto weniger Zeit haben Sie natürlich, in die Ausgangsposition zurückzukommen. Wenn Sie als Rechtshänder beispielsweise bei einem Volley weit nach links durchgezogen haben, werden Sie einige Mühe mit dem Ausholen zum nächsten Volley haben, falls Ihr Gegner den ersten Ball erreicht und zurückgebracht hat.

Den Ball früh treffen

Die dritte und wichtigste Voraussetzung für einen guten Volley ist das Treffen des Balles vor Ihrem Körper. Immer wenn Sie einen Ball zu sehr auf Ihren Bauch oder gar hinter Ihren Körper fliegen lassen, nehmen Sie sich jede Möglichkeit, druckvoll zu schlagen, und geben Ihrem Gegner zusätzlich eine halbe Sekunde mehr Zeit für seinen nächsten Schlag.

Zunächst einmal müssen Sie den Ball ganz exakt beobachten, sobald er das gegnerische Racket verlassen hat und sich auf seine Flugbahn konzentrieren – nur dann treffen Sie ihn weit genug vorn. Wenn Sie dann erkennen, welche Richtung der Ball des Kontrahenten nimmt, müssen Sie sich auf ihn zubewegen, falls Sie Zeit genug haben, oder zumindest Ihr Racket nach vorn bringen, falls es zum Vorlaufen zu spät ist. In jedem Fall: Wenn Sie sich bemühen, den Ball mit gestrecktem Schlagarm zu treffen – nicht den Ellbogen anwinkeln! – werden Sie merken, daß Sie den Ball frühzeitig treffen, vielleicht sogar, ohne es selbst gewollt zu haben. Das Strecken des Schlagarmes ist in der Tat die einfachste aber sinnvollste Methode für Anfänger und Fortgeschrittene, um jenes Gefühl für den Schlag zu bekommen, über das gerade beim Volley so viel geredet wird, das aber nur so wenige Spieler entwickeln. Sie werden kaum bei jedem Volley Zeit haben, in den Schlag »hineinzugehen«, wie es das Lehrbuch empfiehlt. Aber wenn Sie Zeit haben – vor allem beim Training – versuchen Sie es auf folgende Weise:

Nehmen Sie zuerst das Racket zurück. Ihr Oberkörper dreht sich dann automatisch. Holen Sie nicht weiter als bis zur Schulter aus. Machen Sie dann einen Schritt diagonal auf den heranfliegenden Ball zu, damit Sie seitlich zum Netz stehen. Bringen Sie gleichzeitig den Schläger nach vorn gegen die Flugbahn des gegnerischen Balles, um diesen so früh wie möglich zu treffen.

Wie man beim Volley in Stellung läuft

Kein Mensch trainiert bewußt, wie man im Tennis ans Netz läuft. Dabei ist es eine wahre Kunst. Tatsächlich ist es meiner Meinung nach die »halbe Miete«, wenn Sie beim Volley richtig in Stellung gelaufen sind. Deshalb möchte ich unabhängig von der technischen Ausführung des Schlages ein paar Worte zur Beinarbeit und zum Stellungsspiel sagen.

Viele Spieler etwa laufen dem Ball zu spät entgegen. Dabei ist klar: Sie müssen jenen Punkt des Platzes erreichen, wo sie noch einen sicheren Flugball anbringen können – wo der Ball sich noch nicht zu tief gesenkt hat. Obwohl sich das ja recht einfach anhört, lassen die meisten Spieler den Ball erst einmal auf sich zukommen – und laufen zu spät nach vorn.

Als Trainer in Tennisschulen postierte ich die Schüler am Netz und spielte ihnen vorsichtig Bälle zu, die sie vollieren mußten. Dabei brachten alle recht gute Flugbälle zustande. Doch wenn ich die gleichen Spieler im Verlauf des Tages im Match beobachtete, stellte ich fest, daß sie ständig die Flugbälle verschlugen. Ich kam allmählich zu dem Schluß, daß Spieler, die die Technik des Flugballes genau beherrschten, sofort versagten, wenn sie gezwungen waren, ein paar Schritte zu tun.

Lassen Sie mich einmal zwei typische Flugball-Situationen analysieren, bei denen es auf das Nach-Vorn-Laufen und damit auf die Beinarbeit ankommt.

Beim ersten Beispiel laufen Sie nach einem Aufschlag oder einem Angriffsschlag ans Netz vor, um Ihren ersten Volley anzubringen.

Beim zweiten Beispiel befinden Sie sich bereits am Netz – entweder haben Sie den ersten Volley bereits hinter sich, oder (wie etwa im Doppel) Sie haben sich zu Beginn des Ballwechsels schon ans Netz gestellt.

Situation Eins: Entscheidend für ein richtiges Nach-Vorn-Laufen ist *der erste Schritt, den Sie machen,* wenn Sie Ihrem Service oder Angriffsschlag folgen. Die verblüffende Wichtigkeit scheint mir besonders beim Aufschlag erwähnenswert:

Sowie der Ball den Schläger verläßt, tritt mein linker Fuß über die Grundlinie und befindet sich im Feld. Berührt dieser Fuß den Boden, gräbt er sich förmlich ein. Mir kommt es jedesmal so vor, als würde ich mich vom Boden abstoßen – ähnlich wie ein Sprinter, der aus den Startblöcken hochschnellt. (Falls Sie Rechtshänder sind, treten Sie natürlich zuerst mit dem rechten Fuß über die Grundlinie. Dann ist es der rechte Fuß, mit dem Sie sich abstützen und der Ihnen zu Beginn des Angriffs hilft, das »Niemandsland«, den Raum zwischen Aufschlag- und Grundlinie, zu überwinden.)

Am Netz

Wenn Sie sich schon in einem Flugball-Duell befinden (*Situation Zwei*), besteht der Trick darin, dem heranfliegenden Ball in *diagonaler* Richtung entgegenzulaufen. Angenommen, Sie haben einen guten ersten Flugball geschlagen und sind ein oder zwei Schritte nach vorn gerückt, um den Ballwechsel mit einem weiteren, noch präziseren Volley zu beenden. Wenn Sie jetzt noch einen weiteren Schritt näher ans Netz laufen können, anstatt sich nur seitlich zu bewegen, können Sie den gegnerischen Ball noch früher vor Ihrem Körper abfangen, mit mehr Tempo vollieren und dem Gegner noch weniger Gelegenheit geben, ihn zu erreichen.

Glauben Sie jetzt bitte nicht, daß Sie in dieser Situation viele kleine Schritte machen müssen – dazu fehlt die Zeit. Was Sie, wenn überhaupt möglich, schaffen sollten, ist folgendes: ein deutlicher Schritt *in Richtung auf den linken bzw. rechten Netzpfosten zu, je nachdem, aus welcher Richtung der gegnerische Ball kam.* Dieser ständig verfügbare Anhaltspunkt hat mir stets geholfen, im richtigen Winkel zum Ball zu laufen (anstatt mich nur seitlich zu bewegen), und es könnte auch Ihnen eine Hilfe sein.

Am Netz im Doppel

Auch wenn Sie sich beim Doppel am Netz befinden, sollten Sie sich den Netzpfosten auf der einen Seite und das senkrechte Netzband in der Mitte auf der anderen Seite als Anhaltspunkt dafür nehmen, in welcher Richtung Sie auf den Ball zulaufen müssen. Außerdem fördert das eine vernünftige Beinarbeit. Sie gehen immer mehr im richtigen Winkel *nach*

STOSSEN SIE SICH GUT AB, WENN SIE NACH DEM AUFSCHLAG ANS NETZ VORLAUFEN

Wenn Sie nach dem Service angreifen, müssen Sie die T-Linie errei-chen, damit Sie für Ihren ersten Volley in einer gut ausbalancierten Position stehen. Viele Spieler laufen nur zögernd vor: Als Folge schla-gen sie den ersten Flugball nicht im Gleichgewicht, voll aus der Bewe-gung, oder sie werden zu einem tiefen Flugball oder Halb-Volley ge-zwungen.

Wenn ich mich dagegen ganz bewußt mit meinem linken Fuß abstoße (bei Rechtshändern wäre es natürlich der rechte Fuß), sobald dieser Fuß nach dem Service ins Feld getreten ist, kann ich das »Niemands-land« zwischen Grund- und T-Linie schneller hinter mir lassen. Dank dieses einzelnen Schrittes gewinne ich zwischen Foto 3 und 4 eine Menge Raum.

vorn in den Schlag hinein, und das »entschärft« den gegnerischen Ball, ehe Sie ins Hintertreffen geraten. Es ist eigentlich überflüssig zu sagen: Wenn Sie am Netz stehen, gibt es viele Situationen (gerade im Doppel), wo alles so schnell geht, daß Sie sich gar

3

4

nicht mehr richtig zum Ball stellen können. In diesen Fällen muß Ihr Volley eben auch ohne Unterstützung der Beine funktionieren.

Die richtige Ausgangsposition

In beiden eben genannten Situationen müssen Sie eine vernünftige Platz-Position erreichen, kurz abwarten, um dann in den Ball hineinzugehen und mit Erfolg schlagen zu können. Doch viele Spieler stürzen ungestüm ans Netz und stoppen überhaupt nicht ab. Das Nach-Vorn-Laufen wird übertrieben, man schlägt den ersten Volley aus vollem Lauf und gerät aus dem Gleichgewicht. Vergessen Sie bitte nicht: Wenn Sie Ihrem Aufschlag nach vorn folgen, müssen Sie ja nicht unbedingt das Netz erreichen! Sie müssen auf einem Punkt des Platzes ankommen, wo Sie sich bequem genug postieren können, um den Ball überhaupt zu erreichen.

189

EIN SCHRITT RICHTUNG NETZPFOSTEN, UM DEN BALL FRÜH ZU TREFFEN

Wer sich in einer günstigen Flugball-Position befindet, muß danach trachten, den Ball so weit vorn wie möglich zu erwischen. Am sichersten erreicht man das mit einem diagonalen Schritt in Richtung auf den heranfliegenden Ball. Für den Winkel, in dem ich mich auf den Ball zubewege, nehme ich mir die beiden Netzpfosten als Anhaltspunkt.

DER ANGRIFF IM EINZEL

Wenn ich im Einzel mit dem Service angreife, laufe ich in Flugrichtung des geschlagenen Balles ans Netz vor. Anders ausgedrückt: Schlage ich ins linke Aufschlagfeld ein gerades oder ein Twist-Service, laufe ich ein Stück links der Mittellinie nach vorn. Serviere ich mit Slice durch die Mitte, laufe ich ein wenig rechts von der Mittellinie nach vorn. Auf Foto 4 sieht man, daß ich die T-Linie nicht ganz erreicht habe. Ich habe im Einzel einen sehr schnellen Aufschlag riskiert und komme deshalb nur bis zu diesem Punkt, bis der gegnerische Return bei mir ankommt.

▲ DIE AUSGANGS-POSITION DES NETZ-SPIELERS IM DOPPEL

Als Partner des Aufschlägers postiere ich mich in der Mitte des Aufschlagfeldes. Dort kann ich meine Seite des Feldes und die Mitte abdecken und außerdem einen eventuellen Lob abfangen. Viele Clubspieler stehen zu dicht am Netz, obwohl ein Volley im Vorlaufen leichter zu schlagen ist als im Zurücklaufen.

◀ DER ANGRIFF IM DOPPEL

Im Doppel erreiche ich gewöhnlich die T-Linie, weil ich hier ein langsameres, angeschnittenes Service wähle. Und da ich mich darauf verlassen kann, daß mein Partner die andere Platzhälfte abdeckt, laufe ich nicht so weit in Richtung Mitte vor wie im Einzel.

Eine gute Ausgangsposition beim Flugball sieht so aus: Körpergewicht auf den Fußballen, leicht gebeugte Knie, Schläger vor dem Körper, wobei die freie Hand das Racket leicht am Schlägerhals festhält. Die Augen sind nach vorn gerichtet, um den Ball zu beobachten, der das gegnerische Racket verläßt. Dies ist der richtige Weg der Schlagvorbereitung für alle Volleys – gleichgültig, ob Sie im Doppel am Netz spielen, ob Sie sich auf der Seite des auf- oder rückschlagenden Teams befinden, ob Sie nach dem Service vorgelaufen sind oder den ersten Volley im Einzel bzw. Doppel schlagen wollen.

Was will ich mit dieser starken Betonung der Beinarbeit ausdrücken? Sie müssen sich immer rasch genug bewegen, damit Sie diese bequeme Ausgangsposition erreichen und nicht das Gleichgewicht verlieren – nur dann können Sie beim Volley rasch genug losstarten und erfolgreich am Netz spielen. Denken Sie daran, sich mit dem vorderen Fuß abzustoßen, wenn Sie einem Aufschlag oder Angriffsball ans Netz folgen. Denken Sie daran, einen Schritt schräg nach vorn und nicht seitlich auszuführen, sobald Sie sich am Netz befinden. Auf diese Weise kann jeder Spieler von durchschnittlicher Spielstärke seine Beweglichkeit um ein Vielfaches steigern und damit rechtzeitig an Flugbälle herankommen.

Variationen mit dem Volley

Volleys gibt es in allen Variationen. Einige werden Ihnen gewissermaßen aufgezwungen. Bei anderen schaffen Sie es, den Gegner in bestimmten Situationen seinerseits zu einem schweren Flugball zu bringen. Auf jeden Fall muß man die feinen Nuancen technischer und taktischer Natur kennen, muß die häufig wiederkehrenden Arten des normalen Volleys beachten.

Hoher Volley

Ein hoher Volley, ich meine einen Ball, den Sie etwa in Schulterhöhe schlagen, sollte Ihnen mit Vorhand und Rückhand gleichermaßen leicht fallen. Solch ein Ball hat nämlich kein allzugroßes Tempo, sonst würde er ja mit einiger Sicherheit ins Aus fliegen, wenn Sie ihn nicht annehmen. Holen Sie also ein Stück weiter aus als sonst und ziehen Sie auch ein bißchen weiter durch.

Auf schnellen Plätzen können Sie mit diesem hohen Volley oft direkte Punkte erzielen, indem Sie den Ball kurz und cross zur Seitenlinie wegsetzen. Hüten Sie sich aber vor dieser Taktik, falls Sie auf einem langsamen Aschenplatz spielen oder falls sich Ihr Kontrahent als besonders laufstarker Spieler entpuppt. Gewisse Spielertypen lieben diesen seitlich plazierten Volley geradezu. Kommen sie an solche Flugbälle noch heran, haben sie viel Platz auf beiden Seiten für einen erfolgversprechenden Passierschlag. Gegen diese Spieler ist es am besten, den Volley in die Ecke zu setzen, aus der der gegnerische Ball kam – dort erwartet ihn Ihr leichtfüßiger Widersacher meist am allerwenigsten. In den meisten Fällen – also auf langsamen Plätzen gegen durchschnittliche Spieler – gehört ein hoher Flugball, mit dem Sie einen direkten Punkt machen wollen, aber *lang in die verlassene Platzecke.*

Tiefer Volley

Das Geheimnis eines tiefen Volleys besteht darin, während des gesamten Schlages Handgelenk und

GEHEN SIE BEIM TIEFEN VOLLEY IN DIE KNIE

Das Geheimnis des tiefen Flugballes: Gehen Sie tief in die Knie, nur dann bleiben Schlägerkopf und Handgelenk beim Schlag auf gleicher Höhe.

LÄNGERE SCHLAGBEWEGUNG BEIM HOHEN VOLLEY

Ein hoher Ball des Gegners kommt sehr langsam heran, darum müssen Sie einem solchen Volley mehr Tempo mitgeben. Sie dürfen daher weiter ausholen und weiter durchziehen, weil Sie bei langsamen Bällen mehr Zeit haben. Dennoch müssen Sie den Ball vor dem Körper treffen.

Schlägerkopf auf einer Ebene zu halten. Zu viele Spieler lassen den Schlägerkopf beim Treffen des Balles fallen, anstatt tief in die Knie zu gehen, um auf die entsprechende Ballhöhe zu kommen. Und wenn Sie Handgelenk und Schlägerkopf auf einer Ebene halten, können Sie auch flache Bälle mit jenem Unterschnitt schlagen, den Sie von normalen, hüfthohen Flugbällen her kennen.

Bälle, die direkt auf Sie gezielt sind

Bälle, die direkt auf Ihren Körper gezielt werden, nennen wir »Reflex-Volleys«. Nehmen Sie solche Flugbälle eher mit der Rückhand, denn dann können

BEI BÄLLEN DIREKT AUF DEN KÖRPER: RÜCKHAND-VOLLEY

Der sogenannte »Reflex-Volley« ist leichter mit der Rückhand als mit der Vorhand zu nehmen. Denn beim Zuschlagen versperrt der eigene Körper dem Ellbogen des Schlagarmes nicht den Weg, und Sie können auch in dieser »Notsituation« den Ball anständig treffen.

Sie leichter direkt am Körper schlagen und meist auch ein wenig Druck machen. In derartigen Situationen kann man meist nur das Racket in die Flugbahn halten. Häufig reicht das aber auch aus, den Ball mit Erfolg übers Netz zu bringen.

Halb-Volley

Den Halb-Flugball, einen Ball, der unmittelbar nach dem Aufprall vom Boden geschlagen wird, sollte man nach Möglichkeit vermeiden: Sie können ihn kaum plazieren, ohne Ihre offensive Position auf dem Platz aufzugeben. Doch werden Sie immer dann zu Halb-Volleys gezwungen, wenn Sie nach dem Aufschlag schlecht vorgelaufen sind oder gegen Spieler mit ausgezeichneten Returns antreten.
Man braucht perfektes Timing, um einen Halb-Flugball lang ins andere Feld zu setzen. Genau wie beim tiefen Volley müssen Sie unbedingt weit hinuntergehen – sowohl mit den Hüften als auch mit den Knien. Die Ausholbewegung sollte nur kurz sein, und wenn Sie zuschlagen, sollten Sie sich wieder ein wenig aufrichten und den Ball mit dem Körper »verfolgen«. Wie bei jedem Volley muß auch hier Ihr Handgelenk vollständig fixiert sein.

Volley-Stop

Der Volley-Stop ist ein riskanter Schlag, vor allem auf schnellen Plätzen, wo der Ball hoch abspringt und geradezu darauf wartet, vom Gegner erlaufen zu werden. Ihr Ziel muß es also sein, dem Ball jedes Tempo zu nehmen, damit er nur gerade eben übers Netz fliegt und kaum vom Boden hochprallt. Sie

DER HALB-VOLLEY AUF EINEN BLICK

Beim Halb-Volley trifft man den Ball unmittelbar nach dem Aufprall (Foto 6). Immer wenn Sie nach dem Service zu langsam ans Netz vorlaufen oder wenn Ihr Gegner einen flachen angeschnittenen Return vor Ihre Füße setzt, sind Sie auf diesen Schlag angewiesen. Der

Schlag ist gar nicht so furchtbar schwer, wenn Sie ihn mit der gleichen Präzision wie den tiefen Volley ausführen. Gehen Sie mit dem Körper weit hinunter und konzentrieren Sie sich noch ein bißchen mehr auf das Durchziehen in Schlagrichtung, damit der Ball die nötige Länge erhält (siehe auch S. 202).

10   11

schaffen das, indem Sie im Moment des Treffens
den Schlägerkopf ein wenig fallen lassen: Der Ball
haucht sein Leben aus. Lockern Sie also Ihr Handgelenk ein bißchen – dann senkt sich automatisch der
Schlägerkopf. Je härter der gegnerische Schlag ist,
desto schwieriger wird der Volley-Stop: ganz einfach deshalb, weil Sie immer mehr Geschwindigkeit
aus dem Ball nehmen müssen.

Weicher Volley

Der weiche Volley wird technisch ebenso ausgeführt wie der Volley-Stop. Aber er wird eingesetzt,
wenn sich der Gegner ebenfalls am Netz befindet.
Beim Volley-Stop lautet mein Ziel, daß der Ball auf
der anderen Seite zweimal aufprallt, bevor der Gegner herangelaufen ist. Mit dem weichen Volley will
ich den anderen zu einem tiefen Flugball oder zu
einem Halb-Volley unter Netzhöhe zwingen. Nach
202

einem weichen Volley laufe ich noch dichter ans Netz heran, um meinem Gegner den Winkel zu verkürzen und um einen Lob sofort abzufangen, mit dem er vielleicht auf meinen weichen Volley antwortet.

Volley-Lob

Der Volley-Lob ist ein Kunststück. Dieser Schlag muß wirklich perfekt angesetzt sein, sonst werden Sie vom Gegner »abgeschossen«. Man holt sehr kurz aus und kippt die Schlägerfläche im Moment des Treffens um fast 90 Grad zurück. Der Ball prallt weich von den Saiten ab und fliegt über die Köpfe der am Netz postierten Gegner. Während der Ausholbewegung sollten Sie leicht in die Knie gehen, aber wenn Sie unter den Ball kommen, sollten Sie sich im Zuge der Schlagbewegung wieder aufrichten – ähnlich wie beim Halb-Flugball.

Der Volley-Lob ist strikt dem Doppel vorbehalten, wenn sich alle vier Spieler am Netz befinden. Man will mit ihm meist keinen direkten Punkt erzielen, sondern das gegnerische Paar vom Netz vertreiben. Spielen Sie ihn nicht hoch genug, können ihn Ihre Kontrahenten ohne Mühe zurückschmettern. Jedenfalls ist der Volley-Lob gegen Teams, die ständig am Netz agieren, ein erfolgversprechendes Rezept.

Vollieren Sie die Linie entlang

Der Volley ist naturgemäß ein Cross-Schlag. Doch fortgeschrittene Spieler sollten versuchen, ihn auch *die Linie entlang* zu plazieren, indem sie den Schlägerkopf etwas tiefer halten als Hand und Handgelenk. Schlechte Spieler versuchen das häufig bei tie-

fen Volleys, anstatt in die Knie zu gehen. Bis Sie saubere Flugbälle auf Vor- und Rückhand beherrschen, sollten Sie Schlägerkopf und Handgelenk stets auf gleicher Höhe halten, da Sie sich sonst eine oberflächliche Technik angewöhnen. Erst als fortgeschrittener Spieler mit guter Technik können Sie dann den Longline-Volley probieren.

Ein paar Gedanken über Ihren Volley

Viele Spieler haben irgendwann die richtige Technik für den Vor- und Rückhand-Volley begriffen. Doch sie verlieren immer noch die Punkte, weil sie einfach nicht wissen, wie sie den Flugball in ihr spielerisches Konzept einbauen sollen. Sie wissen nicht, *wohin* und *wann* sie ihre Volleys spielen müssen.

Zunächst einmal: Ein Flugball ist immer nur so gut wie der vorhergehende Aufschlag oder Angriffsschlag – das gilt für Einzel und Doppel gleichermaßen. Bei einem schwachen Service oder Angriffsschlag im Einzel (der zu kurz im gegnerischen Feld landet) hat es für Sie wenig Zweck, nach vorn zu laufen. Ihr Gegner wird Sie ohne große Mühe mit einem Passierschlag ausspielen. Schlagen Sie im Doppel schwach auf, geraten Sie oder Ihr Partner beim Return in Schwierigkeiten. Ein aggressiver Cross-Return zwingt Sie als Aufschläger entweder zu einem tiefen Volley oder Halb-Flugball (falls Sie überhaupt an den Ball herankommen!). Bei einem harten Return die Linie entlang steht Ihr Partner auf verlorenem Posten.

Folgen Sie der Flugbahn des Aufschlagballes

Wir wollen einmal voraussetzen, daß Sie Ihrem Service zumindest gelegentlich ans Netz folgen und einen Flugball anschließen können. Dann stellen sich zwei Fragen:

Wohin genau muß ich nach vorn laufen?

Wohin dirigiere ich am besten meinen ersten Volley?

Folgen Sie exakt der Flugrichtung Ihres Aufschlags – Sie werden merken, daß dies der bestmögliche Weg ist, Ihr eigenes Feld gegen alle denkbaren gegnerischen Returns abzudecken.

Wenn Sie also weit nach außen ins linke Aufschlagfeld servieren (ein natürlicher Aufschlag für Rechtshänder), laufen Sie auf einer Linie nach vorn, die sich leicht links von der Platzmitte befindet. Sie decken jetzt Ihre Seite gegen die für diesen Fall wahrscheinlichsten zwei Returns ab – entweder ein abgeblockter Return die Linie entlang oder ein weicher Return durch die Mitte. Für einen harten Vorhand-Cross-Return Ihres Gegners stehen Sie zwar nicht so günstig, doch da der andere wegen Ihres Aufschlags relativ weit außen steht, verspricht dieser Return nur wenig Erfolg.

Ähnlich ist es, wenn Sie weit nach außen ins rechte Aufschlagfeld servieren (ein natürliches Service für einen Linkshänder wie mich) und Ihrem Schlag ans Netz folgen: Sie laufen dann entsprechend etwas *rechts* von der Mitte nach vorn. Auch in dieser optimalen »Lauerstellung« können Sie die jetzt gewöhnlich folgenden Returns (*longline* oder durch die Mitte) abfangen.

Wie steht's, wenn Sie die Mittellinie entlang aufschlagen? Ein Linkshänder serviert in dieser Weise oft nach links, ein Rechtshänder gewöhnlich ins

rechte Aufschlagfeld. Folgen Sie wieder der Flugrichtung des Balles. Normalerweise müßten Sie die
Mitte der T-Linie erreichen, also jenen Punkt, wo die
Linien Ihrer Aufschlagfelder mit der Mittellinie zu-
sammentreffen. Wenn Sie durch die Mitte aufschlagen, sind zur Seite abgewinkelte Returns für Ihren
Gegner sehr schwierig zu plazieren. Die Wahrscheinlichkeit ist groß, daß er durch die Mitte zu-
rückschlägt – und da stehen Sie ja bereits.

Drei Ziele für den ersten Volley

In den Profi-Matches von heute ist der erste Volley
selten der letzte. Fast alle Spieler besitzen ja so
starke Aufschlag-Returns, daß sie sich kaum so
rasch ausspielen lassen. Man muß also versuchen,
mit einer Schlag-Kombination zum Erfolg zu
kommen.
Aber die großartige Karriere eines Ken Rosewall hat
es gezeigt: Der erste Flugball ist ein ebenso wichtiger Schlag wie jeder andere im Einzel. Rosewalls
Service ist lange nicht so hart wie der Aufschlag
einiger schwächerer Spieler. Doch er setzte seinen
ersten Volley derart präzise und sicher, daß er ständig seine Aufschlagspiele gewann.
Der erste Flugball muß unbedingt lang und direkt
auf Ihren Gegner dirigiert werden oder die Seitenlinie entlang auf seine Rückhand. Die schlechteste
Lösung ist ein erster Volley ins Mittelfeld: Ihr Gegner läuft dann nach vorn, gewinnt die Oberhand
über den Ballwechsel oder plaziert einen Crossball
scharf zur Seite an Ihnen vorbei. Schlagen Sie den
ersten Volley cross nach links oder rechts und machen Sie damit nicht unmittelbar den Punkt, läuft Ihr
Gegner heran, nutzt Ihre unsichere Position im Half-

Volley-Stop

ZWEI VOLLEYS FÜR LEUTE MIT BALLGEFÜHL

Der Volley-Stop ähnelt dem normalen Stoppball, nur daß Sie ihn eben direkt aus der Luft und nicht nach dem Aufprall schlagen. Der Lob-Volley bleibt strikt dem Doppel vorbehalten. Man setzt ihn ein, wenn sich alle vier Spieler am Netz aufhalten und man das gegnerische Team überraschen und von dort vorn vertreiben will.

Lob-Volley

Wesentliche Unterschiede bei diesen beiden Schlägen treten beim Treffen des Balles und beim Ausschwung auf.

Beim Volley-Stop ist die Schlägerfläche leicht geöffnet, um dem Ball Unterschnitt zu geben und das gegnerische Tempo aus dem Ball zu nehmen (3 bis 5). Gleichzeitig muß der Schlägerkopf im Moment des Treffens ein wenig gesenkt werden. Je härter der gegnerische Ball, desto schwieriger ist ein Volley-Stop. Der kurze Ausschwung in Schlagrichtung (7, S. 210 oben) ähnelt dem des normalen Volleys.

Beim Lob-Volley ist die Schlägerfläche am Treffpunkt vollständig geöffnet. Dazu kippt man das Handgelenk ein bißchen zurück. Jetzt fliegt der Ball in einem Bogen gerade außerhalb der gegnerischen Reichweite über die Köpfe des anderen Paares hinweg. Beim Ausschwung folgt der Körper der Aufwärtsbewegung des Schlägers, wie man das auf Foto 6 und 7 deutlich sehen kann.

Court und passiert Sie nach Belieben longline oder cross. Auf Clubebene gibt es drei Arten von Returns, mit denen Sie es bei Ihrem ersten Flugball zu tun bekommen können:

Der erste (und harmloseste) Return ist ein hoher Ball, der auf Sie zugeflogen kommt – das ist ein Ball, den Sie mühelos töten und nach dem Sie Ihrem Gegner ein freundliches »Dankeschön« zurufen. Sobald Sie sehen, daß Ihr Gegner einen extrem langsamen Ball geschlagen hat, der mehrere Meter hoch über das Netz segelt, sollten Sie sofort ein, zwei oder drei zusätzliche Schritte nach vorn machen und mit einem hohen Vorhand-Volley antworten: Entweder scharf abgewinkelt zur Seitenlinie oder die Linie entlang in die freie Platzecke.

Doch man sieht häufig den Versuch, den ersten Volley übermäßig aggressiv zu spielen. Denken Sie also daran, daß Sie keinen direkten Punktschlag versuchen dürfen, wenn Ihrem Gegner der Return nicht wirklich mißlungen ist.

Der zweite (und häufigste) Return, der Ihnen beim Volley vorgesetzt wird, ist ein unterschnittener Ball, der flach über das Netz vor Ihre Füße fliegt. Je besser Sie aufschlagen und je häufiger Sie auf die Rückhand Ihres Gegners servieren, desto häufiger kommen solche angeschnittenen Returns zurück. Konzentrieren Sie sich darauf, tief hinunterzugehen, versuchen Sie, den Ball vor dem Körper zu treffen, und vermeiden Sie unter allen Umständen einen Halb-Flugball unmittelbar nach dem Aufprall. Denken Sie bei derartigen Returns in *konservativer* Manier: Bringen Sie den Ball lang in die gegnerische Hälfte und laufen Sie dann ein oder zwei Schritte nach vorn, um für den zweiten Volley bereit zu sein. Der Grund, weshalb Sie flache, unterschnittene Returns nicht aggressiv zurückbringen dürfen, liegt auf der Hand: Sie schlagen einen Volley *unter* Netzhöhe. Seien Sie erst einmal zufrieden, wenn Sie den Ball übers Netz bringen. Erst an zweiter Stelle steht die Forderung, einen möglichst langen Ball zu spielen.

Der dritte (und für Sie schwierigste) gegnerische Return kommt für Ihren ersten Volley, wenn Ihr Widersacher versucht, Sie auf der Vor- oder Rückhand-Seite zu passieren. Da er einen direkten Punkt machen will, schlägt er den Ball wesentlich härter als bei den vorher erwähnten Return-Arten. Doch dieses Tempo des Balles können Sie für sich ausnutzen, vorausgesetzt, Sie vermeiden jegliche Ausholbewegung und bringen nur die Bespannung gegen den Ball. Indem Sie den Ball ganz einfach sehr frühzeitig treffen, sind Sie in der Lage, einen schnellen und langen Ball ins andere Feld zu spielen.

Fassen wir zusammen:

- Bei einem hohen, langsamen Return stürzt man sich wie eine Katze auf den Ball.
- Bei einem unterschnittenen, flachen Return geht man auf Nummer Sicher und bemüht sich um Länge.
- Bei einem Passierschlag holt man nicht aus, sondern nutzt das gegnerische Tempo.

Tips für den zweiten Volley

Ist Ihnen ein guter erster Volley gelungen, sollten Sie wohl ein oder zwei weitere Schritte zum Netz laufen können, um Ihren zweiten Volley anzubringen – hoffentlich ist das der Schlag, der den Punkt zu Ihren Gunsten entscheidet. Zwei Dinge sind zum zweiten Flugball noch anzumerken:

1. Nehmen Sie nach dem ersten Volley das Racket wieder in die Ausgangsstellung vor dem Körper zu-

rück, damit Sie anschließend wie gewünscht und gleich schnell zur Vor- oder Rückhand ausholen können.

2. Laufen Sie nicht *zu dicht* ans Netz heran, sonst können Sie leicht von einem Lob überrascht werden. Und ist der Lob lang genug, müssen Sie zurücklaufen und den Ball nach dem Aufprall schlagen – Sie geben die offensive Position, die Sie sich mit dem Vorlaufen ans Netz erkämpft haben, wieder auf.

Es gibt noch einen anderen Grund, weshalb Sie nicht zu dicht ans Netz laufen dürfen: Es ist generell leichter, einen Volley (oder jeden anderen Schlag im Tennis) im Vorlaufen als im Zurücklaufen zu schlagen.

Der Volley im Doppel

Es gibt eine ganze Menge Möglichkeiten, den eigenen Volley zu verbessern. Wenn Sie für sich allein Aufschläge üben, können Sie gleichzeitig Ihre Beinarbeit trainieren, im Anschluß an das Service nach vorn laufen, um später im Match gut zu vollieren. Sie können gegen eine Trainingswand schlagen, wie ich das als kleiner Junge tat. Sie können zwei Freunde auf den Platz holen (ein Spieler am Netz, zwei an der Grundlinie; dabei abwechseln) und jenes anstrengende, aber ungemein wirkungsvolle »Zwei-gegen-Einen«-Drilltraining probieren, das die australische Davis-Cup-Mannschaft vor ein paar Jahren populär gemacht hat.

Doch für die meisten Spieler dürfte die einfachste Methode darin zu sehen sein, sehr viel Doppel zu spielen, um den Volley zu trainieren. Man ist öfter mit dem Flugball an der Reihe als im Einzel, und da

Sie sich um einen kleineren Teil der Spielfläche kümmern müssen, können Sie sich ganz auf die Schlagtechnik konzentrieren.

Ein Doppel gewinnt man, indem man sich die Kontrolle über das Netz sichert – indem man als Team eine Position einnimmt, aus der man mit Volleys das gegnerische Team »abschießen« kann. Egal, ob Sie je nach Spielsituation Aufschläger, Partner des Aufschlägers, Rückschläger oder Partner des Rückschlägers sind: Verlieren Sie nie das eigentliche Ziel aus den Augen, nämlich den Flugball einzusetzen.

Als Aufschläger muß man darauf bedacht sein, den ersten Aufschlag ins Feld zu bringen. Warum? Um sofort zum ersten Volley in Stellung zu laufen, um auf eine Höhe mit dem Partner am Netz zu kommen und so gemeinsam den Angriff zu suchen.

Als Partner des Aufschlägers stehen Sie schon zu Beginn des Ballwechsels am Netz, versuchen jeden schlechten gegnerischen Return mit einem Volley zu töten und sind verantwortlich dafür, daß Ihre Platzhälfte abgedeckt ist.

Als Rückschläger müssen Sie danach trachten, dem aufschlagenden Team die offensive Position zu entreißen, indem Sie bei schwachen Aufschlägen attackieren, Ihrem Return ans Netz folgen und *Ihrerseits* den ersten Volley schlagen.

Als Partner des Rückschlägers haben Sie alle harten Schläge abzublocken, die direkt auf Sie gesetzt werden, und müssen bei jeder sich bietenden Gelegenheit ebenfalls aggressive Volleys versuchen.

Nutzen Sie das Doppel als Training für Ihren Volley – und Ihre gesamte Spielanlage wird sich garantiert verbessern.

Harold Solomon

Der Weg
zum perfekten Lob

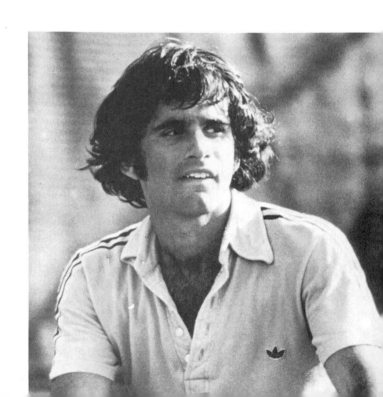

Mein Lob und Ihrer

Der Lob ist der geheimnisumwitterte Schlag im Tennis. Kein Mensch scheint ihn zu lehren oder zu trainieren, und eine Menge Spieler, selbst bei den Profis, haben keine Ahnung, wann und wie er unter Match-Bedingungen einzusetzen ist. Er wird gewiß nicht so häufig im Spiel benutzt wie Aufschlag, Volley oder Grundschläge. Auch genießt er nicht den gleichen Status, das gleiche Image wie die anderen wichtigen Schläge. Kaum ein Tennis-Fan geht nach einem großen Grand-Prix-Turnier selbst auf den Platz, um einen Lob nachzuahmen, den er in einem Wettkampf gesehen hat – schon gar nicht mit der gleichen Begeisterung, mit der man ab und zu einen tollen Aufschlag, einen scharfen Volley oder eine »heiße« Vor- oder Rückhand kopieren möchte. Ganz klar: Dem Lob fehlt es an Charisma.

Dennoch glaube ich, daß der Lob tatsächlich ein eminent wichtiger Schlag ist, ohne den kein Schlagrepertoire als komplett gelten kann. Viele Spieler haben ganz einfach noch nicht mitbekommen, daß ein guter Lob während eines Matches beinahe ebenso wirkungsvoll sein kann, wie ein gutes Service, und mit Sicherheit genauso nützlich wie ein guter Volley oder Grundschlag. Das heißt nun nicht, daß er genauso häufig *eingesetzt* wird wie irgend einer dieser anderen Schläge. In der Tat sollten Sie nicht ständig lobben; es sei denn, es ist taktisch unbedingt notwendig. Aber wenn Sie nicht wenigstens *dann und wann* einen Lob spielen, machen Sie sich diesen Schlag vermutlich nicht in ausreichendem Maße zunutze. Der Wert des Lobs liegt ebenso in der Drohung für den Gegner, daß Sie ihn schlagen könnten, als in seiner tatsächlichen Anwendung. Darum wird der Lob ja auch so häufig unterschätzt und mißverstanden.

Man kann eine der wertvollsten Figuren auf dem Schachbrett ganz gut mit dem Lob vergleichen: Ich meine den Springer. Der Springer ist nicht so stark wie einige andere Figuren, aber seine Fähigkeit, unberechenbare Züge auszuführen – ganz zu schweigen von der Tatsache, daß er über die Köpfe feindlicher Steine hüpft – erinnert doch deutlich an einen wirkungsvollen Lob im Tennis. Zur richtigen Zeit ins Spiel gebracht, kann ein Springer eine Partie Schach genauso gründlich durcheinander bringen, wie der Lob ein Tennis-Match zu entscheiden vermag. Alles, was Sie lernen müssen, ist sein richtiger Einsatz.

Ich rate Ihnen natürlich nicht, daß der Lob zum vorherrschenden Schlag Ihres Spiels werden soll. Auch Ihren Schachpartner können Sie nicht allein mit dem Springer mattsetzen. In der Praxis funktioniert der Lob am besten als eine *mögliche,* aber stets einsatzbereite Waffe Ihres Repertoires. Es ist demnach ein Schlag, der sowohl im Angriff als auch in der Verteidigung eingesetzt werden kann, der die gegnerische Angriffslust erstickt, der den Gegner vom Netz fernhält, der gegnerische Schwächen entdecken hilft, der den gegnerischen Rhythmus bricht, der den Gegner zu Fehlern verleitet, der den anderen in Bewegung hält, der den Ballwechsel verlängert, wenn Sie selbst in Schwierigkeiten sind –, ein Schlag also, mit dem Sie den »Feind« gewissermaßen zu Lande und aus der Luft bekämpfen.

Für meine persönliche Taktik hat der Lob immer eine ganz bedeutsame Rolle gespielt. Er ist sicher nicht mein stärkster Schlag – ich gewinne weitaus mehr Punkte mit Passierschlägen oder Aufschlag-Returns als mit Lobs. Aber gerade der Lob hat ganz

DIE VIELSEITIGKEIT DES LOBS

Je nach Ihrer Position auf dem Platz und der verfügbaren Zeit, in Stellung zu laufen, gibt es Lobs in verschiedenen Variationen auf den gleichen gegnerischen Ball.

Der hohe Lob mit Unterschnitt ist am wertvollsten, wenn Sie aus vollem Lauf schlagen müssen und keine Zeit haben, etwas anderes zu probieren. Ist dieser Lob lang genug, verjagt er den Angreifer vom Netz und gibt Ihnen die Möglichkeit, wieder die Platzmitte zu erreichen.

Der flache Lob mit Unterschnitt fliegt niedriger – gerade hoch genug, um vom hochgereckten Racket des Netzspielers nicht erreicht zu werden. Er wird als überraschende Alternative zu einem Grundschlag verwendet, und wenn er gelingt, ist er von erheblichem offensiven Wert. Folgen Sie dem Lob unbedingt ans Netz, falls Ihr Kontrahent vom Netz zurückhetzen mußte, um den Ball nach dem Aufprall zu schlagen.

Der Topspin-Lob wird sehr hart geschlagen, so daß der Schlägerkopf beim Treffen über den Ball kommt und ihm einen extremen Vorwärtsdrall verleiht. Im Idealfall erreicht er den höchsten Punkt seiner Flugbahn über dem Kopf des am Netz postierten Angreifers, senkt sich dank des Topspins plötzlich und senkrecht herunter, landet auf dem Boden und springt in Richtung auf den hinteren Zaun ab, bevor der Gegner ihn erwischt hat. Versuchen Sie aber keinen Topspin-Lob, wenn Sie das Gleichgewicht verloren haben oder sich gerade im Laufen befinden. Schlagen Sie ihn nur, wenn die Umstände Ihnen wirklich günstig erscheinen: Wenn Sie also im Ballwechsel die Oberhand haben und auch einen Passierschlag versuchen könnten. Genau wie beim Passierschlag wollen Sie mit einem Topspin-Lob einen direkten Punkt erzielen. Dennoch ist es sinnvoll, nach dem Schlag weiter vorzurücken, falls der andere den Ball doch noch zurückbefördert – Sie können Ihre Attacke dann fortsetzen.

Der lange Topspin-Lob, die sogenannte »Bogenlampe«, wird wie ein normaler Topspin-Lob geschlagen, doch die Flugbahn verläuft ein wenig höher und länger. Man spielt ihn auf die gegnerische Rückhand-Seite (oder auf die schwächere Seite), wenn sich Ihr Gegner an seiner Grundlinie aufhält. Da der Ball Ihrem Widersacher unangenehm hoch und mit viel Schnitt entgegenspringt, kommt wahrscheinlich ein schwacher Ball zurück. Folgen Sie solch einem Lob also ans Netz, damit Sie mit einem Volley anschließend den Punkt erzielen können. Die »Bogenlampe« ist eine wirksame Waffe gegen Spieler, die an der Grundlinie kleben.

»BOGENLAMPE«

TOPSPIN-LOB

HOHER LOB

FLACHER LOB

219

DEFENSIVER LOB

TOPSPIN-LOB

PASSIERSCHLAG

entscheidend meine individuelle Spielweise abgerundet.

Und tatsächlich gibt es keine Taktik, die nicht von einem verläßlichen Lob profitiert. So individuell verschieden spielende Profis wie Manuel Orantes, Arthur Ashe, Guillermo Vilas, Jimmy Connors, Ilie Nastase und Rod Laver haben alle unzählige Male mit großem Erfolg gelobbt. Jeder Clubspieler, der den Lob geringschätzig als albern oder sinnlos ansieht, sollte sich nur einmal diese Namensliste betrachten. Ich fing mit fünf Jahren an, Tennis zu spielen. Wenn man so klein ist – meist ist man das ja auch noch mit zehn, elf Jahren – sind eigentlich alle Schläge verdeckte Lobs. Ich sehe darin den Grund, daß Spieler, die im Kindesalter mit dem Tennis begonnen haben, gewöhnlich bessere Lobs schlagen als Spieler, die erst als Erwachsene zum Tennis kamen. Wer ganz früh beginnt, bekommt ein instinktives Gefühl für den Lob.

Jedenfalls war ich immer etwas kleiner als meine gleichaltrigen Tennispartner (mit 1,63 Metern und 59 kg ist das heute noch so) und konnte einfach nicht so hart schlagen. So mußte ich eben ein bißchen mehr mit Köpfchen spielen, ein wenig schneller laufen und den Ball so oft wie möglich zurück-

◀ DREI VERSCHIEDENE SCHLÄGE AUF DEN GLEICHEN BALL

Wenn Sie den Lob beherrschen, können Sie mit ähnlichen Ausholbewegungen drei völlig unterschiedliche Bälle schlagen: Ihr Gegner beginnt am Netz zu zögern und ist verwundbar.

Auf Foto 2 der oberen Reihe erkennt man, daß die Schlägerfläche beim defensiven Lob geöffnet ist und für Unterschnitt sorgt, während die Schlägerfläche beim Topspin-Lob im Moment des Treffens senkrecht, fast geschlossen ist.

Ein weites, hohes Durchziehen ist charakteristisch für beide Lobs. Das Körpergewicht dagegen wird nicht so deutlich auf den vorderen Fuß verlagert wie beim Grundschlag.

WESTERN-VORHAND-GRIFF

BEIDHÄNDIGER RÜCKHAND-GRIFF

Meine Lobs schlage ich mit der gleichen Griffhaltung wie meine Grundschläge. Bei der Vorhand nehme ich den »Western-Griff«, wobei meine rechte Hand voll unter dem Schlägergriff liegt – im Vergleich zu anderen Vorhand-Griffen. Für die Rückhand plaziere ich meine linke Hand dicht neben der rechten.

bringen, um mithalten zu können. Ich schlug schon damals eine beidhändige Rückhand, um härtere Bälle zu schaffen, und lernte auch den Topspin auf beiden Seiten. Weiterhin bekam ich schnell heraus, daß ich besser meine Gegner angreifen ließ. Dann konnte ich mich mit Passierschlägen und einer ganzen Reihe von Lobs wehren.

In meiner Heimat in Maryland begann ich auf langsamen Aschenplätzen mit dem Tennis, und ich spielte später eine Menge auf ähnlich langsamen Courts, weil wir uns im Winter meist in Fort Lauderdale aufhielten. Natürlich agierte ich fast ständig von der Grundlinie, wie es die meisten Kinder tun, unabhängig vom jeweiligen Bodenbelag. Als ich dann in Jugend-Turnieren mitspielen durfte (die oft auf Hartplätzen stattfanden), mußte ich mir einen schnelleren Aufschlag aneignen und nach Möglichkeit zum Flugball ans Netz laufen. Aber es war doch in erster Linie mein Konterspiel, mit dem ich Matches gewann, und das mir recht gute Plazierungen auf der US-Jugend-Rangliste einbrachte: 16ter bei den Zwölfjährigen, Dritter bei den 14jährigen, Dritter bei den 16jährigen und Sechster bei den 18jährigen.

Ich spielte dann bald für die Rice University in Houston, wiederum meist auf Hartplätzen. Wieder mußte ich mich daranmachen, meinen Aufschlag zu verbessern und gelegentlich ans Netz zu gehen. In der Zwischenzeit trainierte mein Vater, der ein ganz passabler Clubspieler war und eine hervorragende Auffassungsgabe für die Tennis-Taktik besaß, mit mir den aggressiven Topspin-Lob in Verbindung mit meinen hohen und flachen Lobs: Ich sollte eine Alternative zu den Passierschlägen bekommen.

Ich glaube, daß das große Arsenal an Lobs, über das ich bald verfügte, zusammen mit meinem Aufschlag-Training entscheidend mein starkes und beharrliches Grundlinienspiel verbesserte, das ich schon damals besaß – all diesen Fähigkeiten verdanke ich es, daß ich im harten Profi-Geschäft ganz oben dabei bin. Wie fast alle Neulinge hatte ich zunächst wenig Erfolg bei WCT-Turnieren, aber nach ungefähr einem Jahr nahm meine Spielweise feste Gestalt an. Ich gewann plötzlich gegen Spieler wie Stan Smith, Tom Okker, Ilie Nastase, Raul Ramirez und Guillermo Vilas. Sicher halfen mir bei diesen Erfolgen langsame Plätze, die ein Spiel von der Grundlinie zuließen. Aber es waren in erster Linie bestimmte Schlagkombinationen, die mir Siege über Spieler mit so starker, aber unterschiedlicher Spielweise brachten. Und Lobs in jeder Form waren ausnahmslos darunter.

Hoher Lob

Wenn ich an all das denke, was ich vom Tennis auf Clubebene gesehen habe, dann fällt mir eine Sache besonders auf: Der defensive Lob wird viel zu selten eingesetzt. Die meisten Spieler sind so »gierig«, die Bälle über das Netz zurückzuhämmern, daß sie offensichtlich keine Sekunde an eine Alternative denken; selbst dann nicht, wenn sie sich in aussichtsloser Position befinden. Dabei ist gerade der defensive Lob gegen Spieler ungeheuer wirkungsvoll, die völlig unmotiviert ans Netz laufen. Und das sind im allgemeinen jene Spieler, die laufend attackieren wollen, aber nur schwache Volleys besitzen. Diese Leute rennen ganz dicht ans Netz und dreschen aus der Luft auf alles ein, was in ihre Nähe kommt – bis sie auf einen Gegner treffen, der ein wenig versiert mit Lobs umgehen kann und das gesamte freie Spielfeld hinter dem Angreifer ausnutzt.

GERADER GRUNDSCHLAG –

Der entscheidende Unterschied liegt in der Stellung der Schlägerfläche – das zeigen diese Fotos. Wenn wir einmal bei Foto 2 in der Bildreihe zum unterschnittenen Lob (unten) beginnen, würde man anschließend den Schlägerkopf am Treffpunkt etwas zurückkippen, um die Saiten unter den

UNTERSCHNITTENER LOB

3
4
5

Ball zu bekommen und ihn so zu unterschneiden
(das würde hier zwischen Foto 3 und 4 geschehen).
Viele Clubspieler versuchen mit senkrecht gestellter Schlägerfläche wie beim Grundschlag zu lobben (obere Bildreihe, Foto 3). Diese Spieler lassen
den Ball lediglich abprallen und hoffen dann auf
ein Wunder. Doch Sie erhalten eine viel größere
Kontrolle und Sicherheit, wenn Sie alle defensiven
Lobs mit Unterschnitt schlagen.

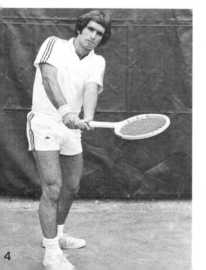 

4
5

Wie auch immer – der erste Lob, den Sie trainieren sollten, sieht so aus: Er steigt sehr hoch, fliegt sehr lang in die gegnerische Hälfte und ist ein wenig unterschnitten.

Versuchen Sie dabei, seitlich zum Netz zu stehen – so wie Sie es von Ihren Grundschlägen her gewohnt sind. Natürlich zwingt Sie der Angreifende häufig, aus einer frontalen Stellung oder voll aus dem Laufen zu schlagen, doch es gibt eine Parallele zu den Grundschlägen: je sorgfältiger die Vorbereitung, desto größer die Chance auf einen sauberen Lob.

Holen Sie in der gleichen Weise aus, wie Sie es bei einer normalen Vor- oder Rückhand tun. Sie wollen den Gegner ja im unklaren über Ihr Vorhaben lassen, solange Ihr Schläger den Ball nicht berührt hat. Verlagern Sie aber beim Durchziehen Ihr Körpergewicht bitte nicht nach vorn, falls Sie einen defensiven Lob schlagen möchten. Lassen Sie das Gewicht auf dem hinteren Fuß – automatisch öffnet sich die Schlägerfläche dann kurz vor dem Treffpunkt, und dadurch fliegt der Ball im gewünschten hohen Bogen über den Angreifer. Außerdem verkürzen Sie auf diese Weise ganz von selbst das Durchziehen – das vermindert die Gefahr, daß Sie ins Aus schlagen. Beim normalen Grundschlag sollten Sie bekanntlich weit nach vorn oben (bis in Schulterhöhe) ausschwingen. Beim defensiven Lob dagegen stoppt das Racket etwa 60 bis 80 Zentimeter vor dem Körper ab.

Alle Spieler, die ständig zu kurz lobben, »stochern« gewöhnlich nur am Ball herum. Sie treffen den Ball ohne Ausholbewegung und ziehen überhaupt nicht durch. Alle Spieler, die ihre Lobs meist hinten ins Aus schlagen, verlagern ihr Körpergewicht zu sehr in den Schlag und ziehen zu weit durch.

Schlagen Sie den hohen Lob mit fixiertem Handge-

lenk! Es gibt da einige Spieler mit sagenhaftem Ballgefühl, die solche Lobs aus dem Handgelenk schlagen; ungefähr so, als würden sie einen besonders
trickreichen Volley anbringen. Doch ich denke, die
überwiegende Mehrzahl aller Tennisspieler sollte
lieber den einfachen Schlag lernen, jenen, der nicht
so viel Beweglichkeit im Handgelenk erfordert.

Man braucht jede Menge Training, um ein Gefühl
dafür zu bekommen, um wieviel man die Schlägerfläche öffnen muß – nur dann steigt der Ball schließlich in der gewünschten Flugbahn nach oben. Der
erwähnte Unterschnitt dann ist das Resultat aus diesem Öffnen der Schlägerfläche. Sie sollten also vor
dem Schlag nicht pausenlos daran denken, daß Sie
mit »Slice« lobben müssen. Es gibt da auch noch
einen »Chop-Lob« (also einen Lob mit geringem
Unterschnitt), den Spieler auf Clubebene besonders
gern schlagen, aber dieser Schlag ist wirklich sehr
schwierig und kaum der Rede wert, denn es handelt
sich ebenfalls um einen defensiven Lob.

Der hohe Lob ist sehr wirkungsvoll, um gegnerische
Angriffspläne zu durchkreuzen. Man setzt ihn normalerweise immer dann ein, wenn Sie der gegnerische Spieler mit einem harten Angriffsschlag aus
dem Feld herausgetrieben hat, also einen Angriffsschlag plazierte und ans Netz vorrückte. Sie befinden sich jetzt in der Defensive, die Chancen auf einen sicheren Passierschlag stehen schlecht. Versuchen Sie es also mit einem hohen Lob. Wenn dieser
Lob lang genug ist, wird er den Gegner vom Netz
vertreiben, ohne daß Sie einen Schmetterball be-
fürchten müssen. Wenn der Lob auch noch hoch
genug gespielt war, haben Sie Zeit genug, in die
Mitte des Platzes zurückzulaufen.

Der hohe Lob klappt besonders gut gegen Kontrahenten, die nicht schnell genug vom Netz nach hin-

ten zurücklaufen können, und gegen Spieler, denen ein sicherer Schmetterball fehlt. Wenn ein solcher Lob dann auch noch lang genug gesetzt ist, funktioniert er gegen jeden Spielertyp.

Hauptziel für Ihren hohen Lob ist also, daß der Ball im hinteren Teil des Spielfeldes aufprallt. Der Gegner wird gezwungen, den Ball erst nach dem Aufprall zu schlagen, und das ist in jedem Fall ein sehr unsicheres Unterfangen, selbst für Spieler, die sehr stark im Überkopfspiel sind. In jedem Fall gewinnen Sie Zeit, um im jeweiligen Ballwechsel weiter mithalten zu können. Dagegen lädt jeder hohe Lob, der nur auf Höhe der gegnerischen T-Linie herunterkommt, den Gegner ein, direkt aus der Luft zu schlagen. Beherrscht der andere einen halbwegs verläßlichen Smash, wird er mit einiger Sicherheit sofort den Punkt buchen.

Versuchen Sie jenes Gefühl für den Schlag zu bekommen, daß Ihre Lobs ungefähr zwei Meter vor der Grundlinie aufprallen. Wenn Ihre Lobs ständig bis auf einen Meter an diese Linie heranfliegen, befinden Sie sich auf einer Stufe mit dem Australier John Alexander, einem der besten Lob-Spieler unserer Zeit, der vor allem auf seiner Rückhand-Seite unglaublich präzise mit dem Lob umgehen kann. Und wenn Ihre Lobs gar regelmäßig den Kreidestaub von der Grundlinie hochtreiben, wie es Pancho Segura angeblich zustande brachte, gehören Sie zu den Unsterblichen im Tennis.

Tatsächlich aber müssen Sie auf Clubebene nicht nach einer derartigen Perfektion streben. Wenn Sie nämlich übermäßig genau lobben wollen, dürften Ihre meisten Bälle im Aus landen und natürlich ist das schlechter als ein zu kurzer Lob.

Flacher Lob

Der flache Lob ist die niedriger fliegende Version des hohen Lobs. Er wird mit der gleichen defensiven Schlagbewegung ausgeführt, doch fliegt der Ball nur knapp außerhalb der gegnerischen Reichweite, und es dauert nicht so lange bis zum zweiten Aufprall – Ihr Gegner muß sich wirklich sputen, um den Ball zu erreichen.

Ein präziser flacher Lob kann den Kontrahenten vollständig aus dem Gleichgewicht bringen. Rücken Sie in jedem Fall auf jeden Lob selbst ans Netz vor. Sie können dann entweder einen erneuten Lob zurückschmettern oder einen Passierschlag mit einem Volley abfangen. Die Chancen sind gering, daß Ihr »gemarterter« Gegner einen dieser beiden Schläge sauber ausführt.

Der flache Lob erfordert ein bißchen mehr Vorbereitungszeit und eine etwas bessere Platz-Position als der hohe Lob. Versuchen Sie ihn daher nicht, wenn Sie ungünstig postiert sind oder sich auf Höhe der Seitenlinien befinden. Der günstigste Zeitpunkt kommt, wenn Ihr Gegner einen zu kurzen Angriffsschlag gespielt hat, das heißt, einen Ball, der in der Mitte Ihrer Hälfte landet. Wenn Sie nach einem Lob schnell und mühelos ans Netz laufen können, ist der flache Lob angebracht.

Die eben beschriebene Situation läßt natürlich genausogut einen Passierschlag zu. In der Mehrzahl der Fälle sind Sie damit auch besser beraten. Aber der Vorteil des flachen Lobs ist ein anderer: Angenommen, Ihr Gegner verfügt über ausgezeichnete Volleys – dann stehen Sie ständig unter dem Druck, den Passierschlag äußerst präzise zu setzen. Ein flacher Lob zwingt den Gegner womöglich leichter zu Fehlern.

Beim flachen Lob müssen Sie genauso weit ausholen und durchziehen wie beim hohen, aber während der Vorwärtsbewegung ist die Schlägerfläche nicht so weit geöffnet. Würden Sie sich in der Tat ausschließlich auf die Schlagbewegung konzentrieren und die Flugbahn des Balles nicht verfolgen, könnten Sie den Unterschied zwischen einem korrekten flachen Lob und einem unterschnittenen Rückhand-Grundschlag nicht beschreiben.

Die wahre Kunst liegt darin, den Schlag so abzuschätzen, daß der Ball so gerade eben über den ausgestreckten Arm des Angreifers fliegt. Darum ist es auch leichter, diesen Schlag gegen kleine Spieler zu probieren. Falls Sie so zielen, daß der Ball seinen höchsten Punkt zu weit hinten im Feld erreicht, riskieren Sie, daß der Ball ins Aus geht, bzw. Sie schlagen einen zu hohen Lob, der dem Gegner zu viel Zeit läßt. Außerdem befinden Sie sich dann anschließend in einer sehr verwundbaren Position am Netz.

Topspin-Lob

Wie jeder Topspin-Schlag ist der Topspin-Lob ein Schlag für Fortgeschrittene, der ideale Vorbereitung und perfektes Timing verlangt. Er hat ungefähr die gleiche Flugkurve wie der flache Lob, aber da der Ball extremen Vorwärtsdrall besitzt, fällt er nach Erreichen des höchsten Punktes fast senkrecht herunter und fliegt nach dem Aufprall flach und schnell auf den hinteren Zaun zu. Den meisten Spielern fällt der Topspin-Lob auf der Rückhand-Seite schwerer. Wenn Sie ihn zum erstenmal üben, sollten Sie also auf der Vorhand beginnen. Es ist ein »Alles-oder-Nichts«-Schlag, den Sie genauso hart durchziehen wie einen aggressiven Grundschlag, weil man versucht, damit sofort den Punkt zu machen.

Wie der flache Lob muß auch der Topspin-Lob seinen höchsten Punkt über dem Kopf des Gegners erreichen. Liegt dieser höchste Punkt vor dem Netz, kann der Gegner einen Smash schlagen – obwohl Topspin-Lobs wegen des senkrechten letzten Teils der Flugkurve beim Schmettern gefährlich sind. Erreicht der Ball seinen höchsten Punkt zu spät, könnte er ins Aus gehen. Fliegt der Ball hoch, und hat er zu wenig Tempo, wird der Gegner ihn mühelos zurückbringen. Einen Topspin-Lob kann man nicht schlagen, wenn der Ball vor Ihnen in Kniehöhe abspringt. Sie können dann Ihr Racket nicht senkrecht steil nach oben hochreißen. Mit Topspin können Sie auch dann nicht schlagen, wenn Sie sich in einer ungünstigen Position auf dem Platz befinden und wenig Zeit zur Schlagvorbereitung besitzen. Wenn sämtliche Umstände nicht wirklich ideal sind, haben Sie wenig Chancen für einen Erfolg.

Das schwierigste Detail des Schlages ist das richtige Timing. Im Moment des Treffens müssen Sie die

1

2

DEFENSIVER VORHAND-LOB

Es gibt eine Reihe von Kleinigkeiten, in denen sich der defensive vom offensiven Lob unterscheidet. Beim offensiven Topspin-Lob wird das Racket nach dem Treffen des Balles viel steiler, fast senkrecht hochgerissen. Auch können Sie meinem Gesichtsausdruck entnehmen, daß

OFFENSIVER VORHAND-LOB

1

2

ich beim offensiven Lob viel energischer durchziehe als beim defensiven Lob. Es ist viel anstrengender, dem Ball jenen starken Vorwärtsdrall zu verleihen; darum mein verzerrtes Gesicht in der unteren Bildreihe. Beim offensiven Lob ist die Treffstrecke auch kürzer, beim de-

6 7 8

fensiven Lob bleibt der Ball länger auf den Saiten. Wenn Sie die oberen Fotos 5 bis 7 anschauen, werden Sie feststellen, daß dieser Lob
nicht allzuviel Unterschnitt enthält. Ich schätze, ich habe einen ziemlich flachen Lob geschlagen.

6 7 8

Saiten blitzartig senkrecht gegen den Ball führen, um den gewünschten Drall zu erzielen. Für mich selbst ist es verhältnismäßig einfach, Lobs und Grundschläge mit Topspin auszuführen, weil ich den sogenannten »Western-Griff« bevorzuge, bei dem die Handfläche mehr unter dem Griff liegt als bei normalen Griffhaltungen. So kann ich automatisch mein Racket bei jedem Schlag extrem von unten nach oben gegen den Ball schwingen. Schlagen Sie den Topspin mit einer normalen Griffhaltung, müssen Sie Handgelenk und Unterarm bewußt kippen, wenn Sie den Ball treffen.

Da ein perfektes Timing ausschlaggebend ist, werden Sie Tage erleben, an denen Ihre Topspin-Lobs überhaupt nicht klappen, und dann wieder Tage, wo Ihnen sensationelle Topspin-Lobs gelingen. Wenn Sie in einem bestimmten Match ein gutes Timing bei jeder Vorhand verspüren, werden auch Ihre Topspin-Lobs funktionieren. Versuchen Sie aber keinesfalls einen Topspin-Lob, wenn Ihre Grundschläge nicht kommen! Und setzen Sie den Schlag bei ganz wichtigen Punkten eines Matches nicht ein – die geringste Nervosität beeinflußt Ihr Timing. Um einen guten Topspin-Lob zu schlagen, benötigen Sie jenes Selbstvertrauen, das man bei einer 40:0-Führung besitzt – wenn man den Gegner kontrolliert.

Ich halte den Topspin-Lob für die ideale Ergänzung zu meinen harten Passierschlägen. Wenn ich gut in Form bin, können Gegner mit einem ausgeprägten Serve-und-Volley-Spiel nicht mit Ihrer gewohnten Zuversicht ans Netz laufen. Die Drohung des Topspin-Lobs zwingt sie, ein paar Meter früher als sonst abzustoppen. Das gibt mir mehr Platz für meine seitlich gesetzten Passierschläge und macht es dem Gegner schwerer, sie abzufangen.

TOPSPIN-GRUNDSCHLAG –

Der entscheidende Unterschied: Ich schlage meine Topspin-Rückhand auf dem vorderen Fuß, meinen Topspin-Lob auf dem hinteren Fuß (Fotos 3 und 4). Der Grund liegt darin, daß ein Lob

TOPSPIN-LOB

3 4 5

eben steiler nach oben steigen muß als ein
Grundschlag. Am Ende beider Ausholbewegungen befindet sich der Schlägerkopf unter dem
heranfliegenden Ball (1). Obwohl das aus dieser
Bildreihe nicht klar wird, lasse ich den Ball beim
Topspin-Lob mehr auf mich zukommen, um den
höchstmöglichen Überraschungs-Effekt durch
spätes Treffen zu erzielen.

3 4 5

»Bogenlampe«

Meine sogenannte »Bogenlampe« ist ebenfalls ein Topspin-Lob. Ich setze sie aber ein, wenn sich der Gegner in der hinteren Platzhälfte befindet und nicht vorn am Netz. Der Ball fliegt höher und länger als der normale Topspin-Lob und ist auf die Rückhand-Seite gezielt. Ich will dem Gegner damit einen hohen, langsamen Ball servieren, der für ihn auf der Rückhand nur mit erheblichen Anstrengungen zu schlagen ist. Meist entlocke ich dem anderen einen kurzen Ball, an den ich heranlaufen kann und den ich wuchtig schlage.

Durch den Topspin springt der Ball höher als bei einem gewöhnlichen Lob ab. Versuchen Sie es, daß der Ball dem Gegner in Schulterhöhe entgegenspringt – die meisten Spieler vermögen einen solchen Ball mit der Rückhand nur mühsam zurückzudrücken.

Ein paar Gedanken über Ihren Lob

Sie sollten den Lob aus zwei Gründen trainieren: Einmal ist er ein schneller, blitzartiger Schlag für Notfälle, in die Sie Ihr Gegner bringt. Zum anderen ist er ein ganz bewußter Akt, mit dem man den Gegner ärgert. Falls Sie ihn in seinen verschiedenen Variationen beherrschen – als defensiven hohen Lob, als defensiven oder offensiven flachen Lob oder als offensiven Topspin-Lob – kann der Schlag in all Ihren Matches vernichtende Wirkung haben.

Der Lob in der Defensive

Lassen Sie uns die wichtigsten Situationen zusammenfassen, in denen Sie den Lob aus der Defensive schlagen — um sich aus schwieriger Lage zu befreien und um im Ballwechsel weiter mithalten zu können.

Verteidigen Sie sich mit dem Lob, wenn Sie im hinteren Teil des Feldes zum Laufen gezwungen wurden und der Gegner dicht am Netz steht.

Haben Sie zu wenig Zeit oder eine schlechte Platzposition, um einen Grundschlag auszuführen, müssen Sie Ihrem Gegner die Chance zum Flugball nehmen und gleichzeitig sehen, daß Sie wieder in die Platzmitte zurückkommen. Entschließen Sie sich des öfteren zu einem defensiven Lob, wenn Sie voll im Seitlaufen sind — egal, ob Vor- oder Rückhand-Seite — und die Möglichkeit für einen gezielten Passierschlag gering ist.

Verteidigen Sie sich mit einem Lob, wenn man Sie mit einem Schmetterball angreift.

Vielleicht ist Ihr erster Lob nicht lang genug gewesen und Ihr Gegner hatte Gelegenheit zum Schmettern? Ihre einzig wirksame Antwort ist der Lob. Eventuell sind Sie froh, wenn Sie den Ball überhaupt zurückbekommen. Wenn Sie Ihren Schläger an den Ball kriegen und Ihren Widersacher zu einem weiteren Schmetterball zwingen, setzen Sie Ihren Gegner erneut unter Druck. Nur wenige Spieler schlagen zweimal hintereinander einen guten Smash.

Verteidigen Sie sich mit einem Lob gegen einen Lob.

Falls Ihr Kontrahent Sie am Netz überrascht hat, indem er Sie überlobt und nun seinerseits nach vorn prescht, müssen Sie natürlich zurücklaufen. Ihre beste Antwort ist dann ebenfalls ein Lob. Lassen Sie den Ball aufprallen und versuchen Sie zu schmettern, geht das meistens schief: Selbst bessere Spieler verschlagen solche Bälle. Versuchen Sie aber auch bitte keinen Passierschlag. Einen hoch abspringenden Lob mit einem Grundschlag zu erwidern, scheint mir sehr fragwürdig, weil Sie dem Ball viel Tempo mitgeben müssen. Setzen Sie nach Möglichkeit einen hohen Lob auf die gegnerische Rückhand-Seite. Vielleicht folgt darauf vom Gegner ja ein kurzer Grundschlag.

Der Lob in der Offensive

In den genannten Situationen verspricht auch ein etwas offensiverer Lob Erfolg; vorausgesetzt, Sie schaffen es, den Ball genau zu plazieren, den Gegner zu überraschen oder dem Ball Topspin mitzugeben. Aber Sie dürften wohl meistens nicht ausreichend Zeit besitzen, danach rasch selbst anzugreifen. Viel besser fahren Sie also mit dem konservativen Gebrauch des Lobs. Nur in Situationen, wo Ihnen wirklich ausreichend Zeit zur Verfügung steht, sollten Sie auf den Lob als Angriffswaffe vertrauen.
Greifen Sie mit dem Lob an gegen planlose Serve-und-Volley-Spieler im Einzel bzw. gegen aggressive Doppel-Teams, die immer dicht am Netz stehen.
In beiden Fällen warten Ihre Gegner nämlich auf die Möglichkeit, mit Volleys schnell den Punkt zu machen, und oft greifen sie deshalb mit recht ungefährlichen Schlägen an. Solche Spieler rechnen damit, daß Sie gleich einen Fehler machen, oder hoffen, daß Sie ihnen den nächsten Ball direkt auf den Schläger spielen. Nutzen Sie flache oder Topspin-

Lobs, die den Gegner zur Grundlinie zurückschicken. Laufen Sie dann Ihrerseits zum Netz vor (im Doppel mit Ihrem Partner) und verschaffen Sie sich dort die Oberhand.

Greifen Sie mit dem Lob an, wenn Sie im Doppel den Aufschlag annehmen.

Dies ist eine gute Taktik gegen ein stark servierendes Doppel-Team, das klug anzugreifen versteht. Lobben Sie nämlich von Zeit zu Zeit, muß der Aufschläger schon einmal darüber nachdenken, ob er jedesmal hinter seinem Service ans Netz vorläuft oder nicht. Gleichzeitig sorgen Sie dafür, daß der Partner des Aufschlägers automatisch ein oder zwei Schritte vom Netz wegrückt: Er will ja einen eventuellen Lob abfangen. Lobben Sie also über den am Netz stehenden Mann hinweg, es sei denn, die andere Paarung wendet die »australische Formation« an, bei der beide auf der gleichen Seite des Platzes stehen: In diesem Fall muß der Lob natürlich cross kommen.

Greifen Sie mit Lobs an, um später einen Passierschlag anzusetzen.

Ob bewußt oder unbewußt, das Stellungsspiel Ihres Gegners wird dadurch beeinflußt, wie und in welche Richtung Sie vorher Ihre Lobs geschlagen haben. Nutzen Sie das für sich aus! Haben Sie zum Beispiel ständig Lobs die Seitenlinie entlang gespielt und kommt eine vergleichsweise ähnliche Situation, wird sich Ihr Gegner wie von selbst in die erwartete Richtung begeben, um den Lob abzufangen. Anstelle des Lob können Sie jetzt einen Cross-Passierschlag versuchen. Sie werden dort mehr Platz haben, als Sie normalerweise erwarten dürfen. Das funktioniert auch andersherum: Passieren Sie den Kontrahenten longline, falls Sie zuvor viele Cross-Lobs geschlagen haben.

243

DEFENSIVE LOB-RÜCKHAND

Mit meiner beidhändigen Rückhand kann ich auf dieser Seite viel leichter Lobs anbringen. Mit der konventionellen einhändigen Rückhand sind zum Beispiel Topspin-Lobs wesentlich komplizierter zu schlagen. Wenn Sie zu den »Einhändern« gehören, würde ich Ihnen den Topspin-Lob für die Vorhand- und den defensiven Lob für die Rückhand-Seite empfehlen. Ein anderer Vorteil für doppelhändig

OFFENSIVE LOB-RÜCKHAND

3   4   5

schlagende Spieler ist, daß ich bis zur letzten Sekunde abwarten kann, wohin ich schlage: Auf den Fotos 5–7 (Forts. auf S. 246) sehen Sie in beiden Bildreihen, wie spät ich treffe. Bei einer einhändigen Rückhand jedoch sollten Sie Lobs genau so frühzeitig treffen wie Grundschläge. Beim offensiven Topspin-Lob senke ich den Schlägerkopf viel tiefer herunter als beim defensiven Lob (1). In der unteren Bildreihe springt der Ball nämlich viel flacher ab. Außerdem muß ich das Racket ja blitzartig von unten nach oben hochreißen – vergleichen Sie jedenfalls einmal den Weg des Schlägers in den Phasen 4 bis 7. Im oberen Beispiel springt der Ball sehr hoch vom Boden ab (6). Ich könnte hier unmöglich das Racket von unten nach oben für einen Topspin über den Ball kippen.

4   5   6

DEFENSIVE LOB-RÜCKHAND

Vergleichen Sie auch die Stellung des Handgelenks auf den Fotos 7 und 8. Beim offensiven Topspin kippt die Einheit meiner beiden Handgelenke nach vorn über, um noch mehr Druck in den Schlag zu bekommen.

OFFENSIVE LOB-RÜCKHAND

Lobben Sie von Anfang an

Benutzen Sie den Lob schon zu Beginn eines Matches – es gibt eine Anzahl guter Gründe dafür. Ihr Gegner ist sicher noch nicht ganz warmgeschlagen; da kostet es viel Mühe, im Zurücklaufen zu schmettern. Und falls er bei den ersten Schmetterbällen Fehler macht, könnte sein Selbstvertrauen in diesen Schlag für den Rest des Matches erschüttert sein.

Lobs zu Beginn des Spieles können auch die festgelegte taktische Marschroute des Gegners ins Wanken bringen. Gelingen Ihnen gleich am Anfang ein paar gute Lobs, wird der Gegner schnell unsicher, ob er nach vorn laufen oder hinten bleiben soll. Nutzen Sie seine zögernde Position auf dem Platz unerbittlich aus: Schlagen Sie abgewinkelte Bälle zu den Seiten oder Stoppbälle!

Wer von Anfang an lobbt, zeigt dem Gegner, daß er die technischen Mittel für diesen Schlag besitzt. Selbst wenn Sie den Schlag für den Rest des Tages nicht mehr anwenden, zwei oder drei gute Lobs in den ersten Spielen werden dem Gegner im Gedächtnis haften bleiben. Und das reicht aus – er muß weiterhin mit Lobs rechnen.

Cross oder die Linie entlang?

Da der Platz in der Diagonalen länger ist, haben Sie bei Cross-Lobs mehr Raum zur Verfügung als bei Longline-Lobs. Noch wichtiger als diese Überlegung ist das Ziel, den Lob auf die gegnerische Rückhand zu heben. Die meisten Spieler beherrschen ja den Rückhand-Schmetterball nur mangelhaft. Ob Sie longline oder cross gelobbt haben, spielt keine Rolle – Hauptsache, Sie zielen auf die Rückhand des anderen.

Eine Ausnahme von dieser Regel gibt es manchmal im Doppel. Versuchen Sie gegen unerfahrene Doppel-Teams einen Lob durch die Mitte. Wahrscheinlich ruft das einige Verwirrung und Unentschlossenheit auf der anderen Seite hervor. Auf jeden Fall unterminieren Sie die Team-Arbeit der Gegner ein bißchen. Letzteres könnte von größerem strategischem Wert im Verlauf eines Doppels sein, als starrsinnig mit jedem Lob die gegnerische Rückhand anzuvisieren.

Witterungsverhältnisse

Wer aus der Halle kommt und wieder im Freien spielt, sieht sich den Launen des Wetters ausgesetzt. Ich selbst spiele lieber Lobs auf Aschenplätzen. Denn wenn Sie Wind und Sonne zu Ihren Verbündeten machen, sind selbst rein defensive Lobs schwierig zu handhaben. Besonders gern schlage ich Topspin-Lobs, wenn der Wind von vorn bläst: Ich kann mit Sicherheit voll durchziehen, trotzdem fliegt der Ball nicht ins Aus.

Der Wind kann mit dem Lob schlimmer herumspielen als mit jedem anderen Schlag, ganz einfach deshalb, weil Lobs länger in der Luft bleiben. Aber für Ihren Gegner ist es ein verdammt harter Job, die Lobs an windigen Tagen zu erwischen, und so sind Ihre eigenen Anstrengungen, bei diesen Lobs sehr genau zu zielen und zu schlagen, durchaus der Mühe wert.

Auch hellen Sonnenschein sollten Sie für sich ausnutzen. Der Ball ist für den Gegner wegen des gleißenden Lichts schlecht zu erkennen. Wenn Sie also die Sonne im Rücken haben und sie dem anderen ins Gesicht scheint, müssen Sie sich in einer Art

Alarmbereitschaft befinden: Suchen Sie jede Chance zu einem Lob! Auch ein mißlungener Lob beschert Ihnen dann und wann den Punkt, weil der Angreifer ja stark geblendet wird.

Platzverhältnisse

Rechnen Sie nicht allzu sehr mit dem Lob auf Zementplätzen, auf gewissen schnellen Hallenböden oder auf Gras (falls Sie zu der verschwindend geringen Zahl von Spielern gehören, die Zutritt zu Rasenplätzen haben). Zement, Gras und einige synthetische Beläge fördern ein ausgeprägtes Lobspiel wenig. Die Bälle springen zu flach und zu schnell ab – für eine Reihe sauberer Lobs bleibt Ihnen da wenig Vorbereitungszeit. Anders auf einem langsamen Bodenbelag: Der Ball scheint abzustoppen und lädt Sie förmlich ein, verschiedene Schläge, einschließlich des Lobs, zu wählen.

Nach dem Lob angreifen

Falls Ihnen ein guter, langer Lob gelungen ist – bleiben Sie nur nicht stehen und schauen Sie Ihrem Meisterwerk bewundernd hinterher! Laufen Sie, falls möglich, ein paar Schritte nach vorn, damit Sie für jeden möglichen Return gewappnet sind, den Ihr Gegner im Anschluß an den Lob probiert. Dadurch kann es Ihnen sehr wohl gelingen, den Punkt mit einem Volley oder Schmetterball zu beenden – ein Punkt, den Sie Ihrem vorhergehenden guten Lob zu verdanken haben!

Verzeichnis der Fachausdrücke

ENGLISCH – DEUTSCH

In keiner Sportart werden so viele englische Ausdrücke benötigt wie im Tennis. Dies bezieht sich nicht nur auf Gespräche der Tennisspieler, sondern auch auf die Berichterstattung in Wort und Schrift.

advantage	Vorteil
advantage receiver	Vorteil Rückschläger
advantage server	Vorteil Aufschläger
backhand	Rückhand
back room	Auslauf
baseline	Grundlinie
break	Durchbrechen des gegnerischen Aufschlags
centre court	Hauptplatz
centre mark	Mittelzeichen
chopshot	Hackschlag
court	Platz
cross volley	Cross-Flugball
deuce	Einstand
double	Doppel
double fault	Doppelfehler
doubles partner	Doppelpartner
drive	Treibschlag
drop shot	Stoppball
fault	(Aufschlag) Fehler
foot fault	Fußfehler
foot fault judge	Fußfehlerrichter
forehand	Vorhand
game	Spiel
game point	Spielball

grand slam	Ausdruck für den Gewinn der vier Meisterschaften von Wimbledon, den Vereinigten Staaten, Australien und Frankreich in einem Jahr
grass court	Grasplatz
ground stroke	Grundschlag
half court	Halbfeld
half court line	Mittelaufschlaglinie
half volley	Halbflugball
hard court	Hartplatz (Asche)
lawn court	Rasenplatz
let	Netzball
linesman	Linienrichter
lob	Hochball
love	Null
match	Wettspiel
match point	Matchball
men's double	Herrendoppel
men's single	Herreneinzel
mixed double	gemischtes Doppel
net	Netz
net post	Netzpfosten
net umpire	Netzrichter
open event	offenes Turnier
out	aus
overhead game	Überkopfspiel
passing shot	Passierschlag
power game	Ausdruck für australische und amerikanische Spielweise mit Aufschlag und Flugball
prize money	Preisgeld
racket	Schläger
rally	Ballwechsel
receiver	Rückschläger
referee	Oberschiedsrichter
return	Rückschlag
seeding list	Setzliste (bei Turnieren)
serve	aufschlagen
server	Aufschläger
service	Aufschlag

service court	Aufschlagfeld
service line	Aufschlaglinie
set	Satz
set point	Satzball
sideline	Seitenlinie
side room	Seitenauslauf
single	Einzel
shot	Schlag
slice	unterschnittener Ball
smash	Schmetterball
string	Saite (vom Tennisschläger)
stroke	Schlag
sweet spot	die ideale Treff-Fläche auf den Saiten
tennis court	Tennisplatz
tie break	Spielverkürzung beim Stand von 6:6, 7:7 oder 8:8
timing	Zeitablauf, Bewegungsablauf
topspin	überrissener Ball
touch the line	die Linie berühren
twist	Drall (beim Aufschlag)
umpire	Schiedsrichter
volley	Flugball
WCT (World Championship Tennis)	Weltmeisterschafts-Tennis (Abkürzung für die Turnierserie von Lamar Hunt)
winning stroke	Gewinnschlag
women's double	Damendoppel
women's single	Dameneinzel

Register

Bei den *kursiv* aufgezeichneten Stichwörtern handelt es sich um Namen

humbᴏldt BÜCHER, DIE ZUR SACHE KOMMEN!

Die aktuellen, illustrierten und praktischen Humboldt-Taschenbücher bieten in 6 Themengruppen ein umfassendes Programm:
Praktische Ratgeber, Kochen, Freizeit-Hobby-Quiz, Sport, Sprachen, Moderne Information.
Eine Auswahl der Titel stellen wir Ihnen vor. Bandnummer in Klammer.

Freizeit-Hobby-Quiz

Mein liebstes Hobby
Zierfische (171)
Mikroskopieren (249)
Modelleisenbahn (266)
Mein Aquarium (272)
Bergwandern (278)
Pfeiferauchen (318)
Am Brunnen v. d. Tore (331)
Tanzen (362)
Gitarrenschule (390)
100 Volkslieder (400)
Elektron. Bauelemente (414)
Video (422)
Kegelspiele (487)
Folkgitarre (555)
Elektron. Basteln (560)

Handarbeiten
Stricken (315)
Schönste Strickmuster (492)
Weben (513)
Häkelmuster (521)
Wir stricken und häkeln
    für Kinder (542)
Patchwork (559)
Puppenkleider
    selbst nähen (569)

Künstlerisches Gestalten
Zeichnen (268)
Malen (381)
Töpfern (384)
Trockenblumen (385)
Glasmalerei (402)
Aquarellmalerei (426)
Porzellan/Keramik
    bemalen (429)
Ölmalerei (450)

Salzteig modellieren (490)
Schöne Schriften (508)
Seidenmalerei (509)
Modellieren (543)
Schmuck gestalten (568)

Fotografieren/Filmen
Fotolexikon (308)
Filmen – Technik, Motive (330)
Fotokurs für Einsteiger (475)
Spaß mit Fototricks (478)
Pflanzen fotografieren (502)
Blitz- und Kunstlicht (540)
Gute Porträtfotos (558)
Fotolabor (563)

Garten
Garten im Jahreslauf (202)
Balkon-Terrasse (350)
Hydrokultur (413)
Gartenteich (448)
Die 100 schönsten
    Gartenblumen (470)
Freude am Biogarten (474)
Laubbäume und
    Ziersträucher (527)
Rasen – Wiese –
    Bodendecker (552)

Schach
Schach f. Anfänger (85)
Schach o. Partner f. Anf. (299)
Schachtaktik (363)
Eröffnungsspiele (386)
Schach ohne Partner
    für Könner (432)
Bauer im Schachspiel (433)
Schachcomputer (465)
Spaß mit Schach (479)

Kartenspiele
Kartenspiele (199)
Skat (248)
Bridge (273)
Patiencen (293)
Schafkopf/Doppelkopf (481)
Kartenspiele –
    einmal anders (541)
Tarot (546)

Gesellschaftsspiele
Spielen Sie mit (190)
Mit Zahlen spielen (237)
Brettspiele/Denkspiele (282)
Schreibspiele/
    Streichholzspiele (352)
200 Spiele (401)
Würfelspiele (412)
Zahlenspiele (443)
Domino (522)
Was spielen wir
    in netter Runde (556)
Humboldt-Zauberbuch (567)

Quiz
Frag mich – ich antworte (23)
Wer weiß es (68)
Frag mich was (79)
Frag noch was (83)
Frag weiter (90)
Kreuzworträtsel-Lexikon (91)
Quiz i. Wort u. Bild (174)
Rätsel, leicht gelöst (263)

Tests
Spaß mit Tests (195)
Teste Deine Intelligenz (225)
Trimm dich geistig fit! (520)
Teste Dein Musikwissen (533)

Sport

Allgemein
Taschenlexikon d. Sports (302)

Fitness/Gymnastik/
    Yoga/Laufen
Yoga (82)
Gymnastik (228)
Yoga+Gymnastik (333)
Lauf dich fit (382)
Radfahren (421)
Vital durch Gymnastik (495)
Fit durch Bodybuilding (528)

Ballsportarten
Volleyball (436)
Fußball (451)

Judo/Karate
Selbstverteidigung (178)
Judo/Karate/Taekwon-Do (372)

Judo für Jugendliche (391)
Judo – mein Freizeitsport (454)
Karate (493)

Sportschießen
Sportschießen (300)

Wassersport/Angeln
Segelsport (123)
Angeln und Fischen (206)
Windsurfen (305)
Kanu (326)
Schwimmen (477)
Surfschein (499)
Segelführerschein A (500)

Skisport
Skilanglauf (241)
Ski-Gymnastik (460)
Ski alpin (488)

Skibuch für Kinder
    und Eltern (539)

Tennis/Squash
Tennis-Regeln (253)
Squash (360)
Tennis-Training (374)
Tennis: Schlagtechnik (420)

Reiten
Moderne Reitlehre (205)
Pferde u. Reiten (323)
Pferd f. Freizeit u. Sport (380)
Mit Pferden umgehen (427)
Reiten lernen (444)

Kegeln/Bowling/Billard
Kegeln (243)
Billard (419)
Kegelspiele (487)

HUMBOLDT-TASCHENBUCHVERLAG · MÜNCHEN